1. Auflage 2021
Alle Rechte vorbehalten.
Lektorat und Satz:
Dr. Michael Sellhoff, Flintbek
ISBN e-Book: 978-3-347-27881-3
ISBN Paperback: 978-3-347-27879-0

Verlag und Druck:
tredition GmbH,
Halenreie 40-44, 22359 Hamburg

Der Weg
der Menschlichkeit
und Stärke

Bartosz Pasternak

Inhaltsverzeichnis

Vorwort

> *»There is nothing outside of yourself that can ever enable you to get better, stronger, richer, quicker, or smarter. Everything is within. Everything exists. Seek nothing outside of yourself.«*
>   (Musashi)

Dieses Zitat von Miyamoto Musashi spiegelt den philosophischen Geist dieses Buches wider, in dem ich Dir eine Kampfkunst näherbringen werde, die auf Menschlichkeit und Stärke beruht. Sie wird Dir nicht nur dabei helfen, im Leben voranzukommen, sondern Dir zugleich zeigen, warum es so wichtig ist, ein guter Mensch zu sein.

Solltest Du Dich dem Thema Kampfkunst noch nie gewidmet haben, dann lege ich Dir das Buch umso mehr ans Herz: Die dargestellte Kampfkunst lehrt eine bestimmte Art der Lebensführung, die Dich voranbringen wird – in Übereinstimmung mit der Menschlichkeit, der Gemeinschaft und Deinem Selbst. Für diese Aufgabe stelle ich Dir im Folgenden einen zustimmungswürdigen Weg vor.

Der Weg
der Menschlichkeit
und Stärke

1.

Einleitung:
Die Bedeutung der Kampfkunst

Die Entscheidungen, Ideen und Überzeugungen der Menschen haben mir gezeigt, wie unterschiedlich wir alle darin sind. Und diese Verschiedenheit nimmt mitunter ein solches Ausmaß an, dass etwa die eine Person als liebenswert oder richtig erachtet, was eine andere als hassenswert oder als falsch ansieht. Vor diesem Hintergrund ist umso bemerkenswerter und unbedingt hervorzuheben, dass alle Menschen eine Sache unbestreitbar gemeinsam haben:

Jeder Mensch muss für das, was er erreichen und aufrechterhalten will, kämpfen.

Kämpfen ist also etwas Allgegenwärtiges. Denn gute Ergebnisse in der Schule, im Studium oder Berufsleben können wir nur dann erzielen, wenn wir gewillt sind, Zeit und Arbeit zu investieren. Auch die in Grundrechten geschützte Freiheit, sich nach persönlichen Interessen und Zielen zu entwickeln und handeln zu können, ist nichts Selbstverständliches.

Wird eine Person auf der Straße unter Androhung von Gewalt aufgefordert, ihr Geld auszuhändigen, so nimmt ihr die Gefahr die

Freiheit, mit dem Geld nach eigenen Vorstellungen zu verfahren –
zumindest, wenn das Nichtvorhandensein bestimmter Fähigkeiten
es ihr unmöglich macht, sich dagegen zu wehren. Und angenommen,
dieses Geld sollte als Spende die Not Bedürftiger lindern, so zeigt
sich dadurch umso klarer, wie wichtig Widerstand gegen moralisch
verwerfliche Handlungen ist, damit sie keinen Schaden verursachen. Folglich müssen wir bestimmte Fähigkeiten erwerben, die
es uns auch in solchen Situationen ermöglichen zu handeln – im
weiteren Verlauf des Buches zeigt sich die Wichtigkeit bestimmter
Fähigkeiten.

Doch zunächst müssen wir einsehen, dass weder Erfolg noch
Freiheit selbstverständlich sind und bloß durch die Kraft der Gedanken heraufbeschworen werden können. Der Versuch eines Ag-
gressors, uns die Freiheit zu nehmen oder irgendein Leid zuzufügen,
kann prinzipiell zu jeder Zeit unternommen werden – unabhängig
davon, ob wir darauf vorbereitet sind oder nicht. Falls wir es nicht
für notwendig erachten, uns auf diese Eventualität vorzubereiten,
so werden wir bei dem Versuch scheitern, die uns gegebene Freiheit oder die Unversehrtheit aufrechtzuerhalten, wenn wir in diese
Situation kommen. Und auch einem anderen Menschen in solch
einer Lage helfen zu wollen, bedeutet noch lange nicht, dazu auch
imstande zu sein.

Demnach ist es von entscheidender Bedeutung, an bestimmten
Fähigkeiten zu arbeiten, die es uns erst ermöglichen, erfolgreich, frei
und hilfsbereit zu sein. Damit schaffen wir uns die Voraussetzungen
für ein freies, erfolgreiches und moralisches Leben. Um dies zu erreichen, müssen wir unseren Zustand dahingehend verändern, dass
wir fähiger werden und kontinuierlich an bestimmten Fähigkeiten
weiterarbeiten. Die Kunst, Veränderungen herbeizuführen, besteht
in gesteigerter Leistungsfähigkeit im Zuge eigener Bemühungen.
Ohne die Verbesserung der Leistungsfähigkeit wird das Kämpfen
– worunter ich die Hingabe an eine Sache und das Verfolgen eines

Ziels verstehe – schlicht wirkungsarm und nicht selten sogar in Gänze wirkungslos sein.

Die Kampfkunst definiere ich folglich als die Befähigung des Menschen dazu, wirkmächtig zu sein. Wirkmächtig nicht nur im Sinne der Selbstverteidigung, sondern hinsichtlich aller Aufgaben, denen sich der Kampfkünstler widmet. Bedenken wir nun, dass Erfolg und Freiheit ebenso wie die Menschlichkeit nicht nur alles andere als selbstverständlich, sondern dazu auch von großer Wichtigkeit sind, so erschließt sich daraus die besondere Bedeutsamkeit der Kampfkunst vor dem Hintergrund der obigen Definition. Doch bevor ich hier fortfahre, möchte ich zunächst darauf eingehen, wie es dazu gekommen ist, dass ich dieses Buch schreibe.

Meiner Affinität zur Kampfkunst war ich mir schon immer bewusst. Bis zu meinem 19. Lebensjahr habe ich mich mit diversen Kampfkünsten befasst, hauptsächlich mit Taekwondo und Muay Thai. In dieser Zeit habe ich dabei zwar alles Wissen und alle Techniken unreflektiert verinnerlicht, mir aber damit zugleich ein großes Wissenspotential erarbeitet. Damals war ich noch der Ansicht, dass die Kampfkunst primär der Selbstverteidigung für sich und andere dient.

Mit meinem 19. Lebensjahr habe ich begonnen, die Techniken reflektierter zu betrachten, und mir dabei die Frage gestellt, welche Techniken in einer echten Zweikampfsituation tatsächlich wirkungsvoll sind – wenn es nicht wie in Übungs- oder Wettkämpfen einen Schutz durch Regeln gibt, wenn der Kampf mitunter erst zu Ende ist, wenn ein Kontrahent kampfunfähig zu Boden geht. Vergessen wir nie, dass der Zweikampf eine Situation ist, wo die eigene körperliche Unversehrtheit in Gefahr ist, die selbstverständlich ein jeder aufrechtzuerhalten bestrebt ist.

In den Jahren nach meinem 19. Geburtstag habe ich mich also vertiefend mit den Techniken der Kampfkunst beschäftigt – und zwar bis zu meinem 23. Lebensjahr, als ich sie weitestgehend ausgearbeitet hatte. Im nächsten Schritt habe ich meine damalige Sicht erweitert und mich der Kampfkunst aus philosophischer Warte zugewandt. Ich erkannte, dass die Kampfkunst nicht nur ein Mittel zur Selbst*verteidigung* ist, sondern insbesondere auch eine Möglichkeit der Selbst*verwirklichung*. Dieser Erkenntnis entstammt nicht nur meine Definition der Kampfkunst, sondern vielmehr die Entwicklung einer eigenen Kampfkunst, die ich »Weg der Menschlichkeit und Stärke« nenne.

Dieses Buch handelt von dieser Kampfkunst, ich werde sie Dir im Folgenden detailliert näherbringen. Begleitet werden meine Überlegungen von der Frage, was einen Kampfkünstler ausmacht und wie wir zu einem werden. Neben meiner Neigung zur Kampfkunst motiviert mich vor allen Dingen die Gewissheit, dass dieser Weg die Welt zu einem kontinuierlich besseren Ort machen kann.

2.

Hauptteil:
Vom Weg der
Menschlichkeit und Stärke

Was macht einen Kampfkünstler aus? – Diese Frage lässt sich im ersten Schritt sehr prägnant beantworten: Als einen Kampfkünstler bezeichne ich einen Menschen mit einer ausgeprägten Menschlichkeit und Stärke. Diese Definition des Kampfkünstlers ergibt sich als direkte Konsequenz aus meiner Definition der Kampfkunst. Denn wirkmächtig ist nur derjenige, der erstarkt und aus Menschlichkeit handelt. Deshalb beschränkt sich Wirkmächtigkeit nicht nur auf den Erfolg oder die Erreichung von Zielen, sondern sie umfasst die Hilfsbereitschaft und den respektvollen Umgang mit den Mitmenschen.

Betrachten wir die Begriffe »Menschlichkeit« und »Stärke« genauer, so ist erkennbar, dass sie vielumfassend sind und deshalb eine sorgfältige Nuancierung erfordern. Wer in allen Bereichen des Lebens wirkmächtig sein möchte, bedarf zusätzlich zur körperlichen auch der geistigen Stärke. Und wer körperliche und geistige Stärke erlangen will, der muss an seiner charakterlichen Stärke arbeiten. Wer im letzten Schritt bemüht ist, seine Stärke für das Gute einzusetzen, mit dem Ziel, die Welt zu einem besseren Ort zu machen, der muss zugleich menschlich vorgehen.

Das sind die vier Säulen, die im Mittelpunkt dieser Kampfkunst stehen: die geistige, körperliche und charakterliche Stärke und die Menschlichkeit. Welcher Mensch in ihnen nach Perfektion strebt, zeugt von seiner Zugehörigkeit in die Reihen der Kampfkünstler und von seiner Bedeutsamkeit.

Die innere Gliederung des Gegenstands gibt den folgenden Ausführungen die Struktur: Die Stärke unterteilt sich in geistige, körperliche und charakterliche Stärke. Die geistige Stärke ist Denkvermögen und Nervenstärke. Die körperliche Stärke unterscheide ich weiter in Schnellkraft, Kampftechnik und Kampfstrategie. Und die charakterliche Stärke besteht aus Disziplin und Geduld. All diese Aspekte bezeichne ich als Fähigkeiten und es ist ganz entscheidend, sich allen Fähigkeiten gleichermaßen zu widmen, ohne etwa eine zu bevorzugen und dabei andere zu vernachlässigen.

Wir müssen diszipliniert und geduldig sein, um überhaupt erst geistig und körperlich zu erstarken. Das Denkvermögen lässt uns beispielsweise die Schwächen des Gegners erkennen, um die Techniken sinnvoll platzieren zu können. Die Schnellkraft sorgt dafür, dass die angewandten Techniken wirkungsvoll sind, und die Nervenstärke erlaubt es uns, auch in Gefahrensituationen handlungsfähig zu sein.

Aus all dem folgt, dass die Stärke im Kern als der Grad der Ausgeprägtheit von Fähigkeiten zu definieren ist. Vor diesem Hintergrund geht es in dieser Kampfkunst um die Ausprägung der charakterlichen, geistigen und körperlichen Fähigkeiten. Ferner ist ersichtlich, dass die Fähigkeiten zusammenhängend und somit als Einheit betrachtet werden müssen, um nicht den Erfolg zu schmälern oder gar das Scheitern zu riskieren. Solch weitreichende negative Folgen sind vermeidbar, widmen wir uns allen Fähigkeiten gleichermaßen

– diesen Gedanken der Einheit spiegelt auch das Symbol des Weges der Menschlichkeit und Stärke wider:

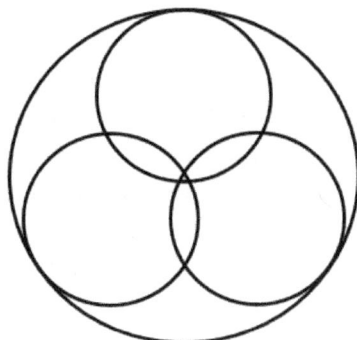

Jeder Kreis symbolisiert eine Säule. Der äußere Kreis symbolisiert die Menschlichkeit und die inneren Kreise symbolisieren die geistige, körperliche und charakterliche Stärke. Die Schnittpunkte sind Ausdruck der Einheit von Geist, Körper und Charakter. Dass der die Menschlichkeit symbolisierende Kreis alle weiteren Kreise in sich einschließt, soll uns stets daran erinnern, dass wir uns bei jeder Handlung nach der Menschlichkeit zu richten haben und dass der Kampfkünstler in erster Linie ein menschliches Lebewesen ist, das die Stärke im Dienst der Menschlichkeit nutzt.

Was bedeutet der Begriff der Menschlichkeit nun konkret? – Dazu folgende Überlegung: Ein Kampfkünstler ist in meinen Augen jemand, der die Stärke für das Gute nutzt, mit dem Ziel, Besserung herbeizuführen. Daraus folgt, dass die Menschlichkeit als ein normativer Begriff betrachtet werden muss. Mittels moralisch guter Handlungen und verbunden mit Hilfsbereitschaft und Verständnis wird das Ziel angestrebt, die Welt zu einem besseren Ort zu machen.

Wir können das Handeln aus Menschlichkeit auch auf mehrfache Art und Weise als eine Quelle der Erkenntnis nutzen. Stellen wir uns selbst die Frage, warum wir die Stärke für das Gute nutzen, so können wir als Grund anführen, damit Besserung herbeizuführen. Diesen Grund können wir aber auch als eine Prämisse betrachten: Wer die Welt zu einem besseren Ort machen möchte, der – so lässt sich schlussfolgern – ist ein hilfsbereiter Mensch mit edlen Absichten. Wir lernen also aus diesen Schlüssen etwas über uns selbst.

Aber das ist noch nicht alles. Aufmerksame Mitmenschen können zu der gleichen Schlussfolgerung kommen. Also sehen folglich nicht nur wir uns selbst als einen hilfsbereiten Menschen an, sondern werden zugleich von den Mitmenschen als solcher wahrgenommen, geachtet und respektiert. Auf der Grundlage von Handlungen, Äußerungen und Verhalten der Menschen erfahren wir etwas über sie und uns selbst.

Analysieren wir Gründe und Handlungen vor dem Hintergrund der Menschlichkeit, so können wir ermitteln, ob sie moralisch verwerflich oder zu begrüßen sind. Sollten Sie moralisch verwerflich sein, so kann ein Kampfkünstler daraufhin eingreifen und bemüht sein, einem Menschen einen anderen Weg aufzuzeigen. Doch auf sich allein gestellt ist die Menschlichkeit der Aufgabe einer Verbesserung zum Guten oft nicht gewachsen. Die Einheit von Menschlichkeit und Stärke ist von zentraler Tragweite – die letztere ist nicht weniger bedeutsam als die erste:

Befreit von Menschlichkeit, ist Stärke eine Gefahr – und befreit von Stärke, ist Menschlichkeit unbeholfen.

Im ersten Schritt werde ich nun allgemein auf die Stärke eingehen. Im Anschluss werde ich mich mit den einzelnen Säulen beschäftigen, angefangen bei der geistigen Stärke. Danach werde ich mich mit der Menschlichkeit befassen und schließlich konkrete Schritte hinsichtlich der Verbesserung der einzelnen Fähigkeiten aufzeigen.

2.1 Die Bedeutung der Stärke

Der Wunsch, viel zu bewirken, lässt sich nicht mit der *Befähigung* gleichsetzen, viel zu bewirken. Wer bemüht ist, etwas positiv zu verändern oder einem Menschen in Not helfen möchte, der unternimmt damit eine Kraftanstrengung, und eine Kraftanstrengung wird nur dann erfolgreich sein, wenn auch genügend Kraft vorhanden ist. Wollen wir also vor dem Hintergrund der Menschlichkeit etwas in der Welt bewegen, so ist folglich Stärke dazu notwendig erforderlich und somit gebührt ihr viel Aufmerksamkeit. Und da sie eine Notwendigkeit aufweist, müssen wir uns im nächsten Schritt die Frage stellen, an welchen Fähigkeiten zu arbeiten ist, um anschließend in unterschiedlichen Situationen wirkmächtig zu sein.

Was verstehe ich dabei unter dem Begriff der Wirkmächtigkeit? – Bekanntlich gibt es häufig viele Wege zur Lösung eines Problems. Wirkmächtig ist eine Lösung für mich erst dann, wenn sie dauerhaft eine Besserung herbeiführt. Dazu folgendes Beispiel: Greift eine Person eine andere an, so gilt es für den Kampfkünstler nicht nur, die angegriffene Person zu verteidigen, sondern er muss insbesondere das Ziel verfolgen, den Aggressor von einer Verhaltensänderung zu überzeugen, die im Idealfall mit zukünftiger Hilfsbereitschaft seinerseits einhergeht. So ist dann ein Mensch, der seinen Mitmenschen mit Aggressivität begegnete, zu einem Menschen geworden, der hilfsbereit ist. Um aber dergestalt in der Lage zu sein, langfristig etwas verändern zu können, ist Stärke vorausgesetzt. So werde ich mich nun genauer mit dem Thema der Stärke beschäftigen, angefangen bei der geistigen Stärke.

2.1.1 Geistige Stärke

Entscheidungen haben Konsequenzen. Und genau weil sie Konsequenzen haben, sollte es im Interesse eines jeden liegen, ihnen viel Aufmerksamkeit zu schenken. Dabei muss das Augenmerk zum einen auf der Entscheidung selbst liegen, zum anderen auf ihrer Umsetzung. Ein Beispiel zur Verdeutlichung: Wird die Entscheidung getroffen, Wohnraum zu schaffen, so ist es vor ihrer Umsetzung notwendig, Geld und Materialien, sprich Ressourcen bereitzustellen. Diese Ressourcen können nicht zugleich der Realisierung eines anderen Vorhabens dienen. Das wäre die negative Konsequenz dieser Entscheidung. Im ersten Schritt gilt es also zu klären, ob ein Vorhaben unter vielen anderen das dringendste ist. Erst wenn diese Frage geklärt wurde, kann man sich der konkreten Umsetzung widmen.

Wird nun angenommen, dass der Bau dieser Wohnungen zu diesem Zeitpunkt von höherer Bedeutung ist als alle anderen Pläne – weil es beispielsweise gilt, die Obdachlosigkeit zu bekämpfen –, so folgt als nächster Schritt etwa die Frage, welche Ressourcen vor Ort genau gebraucht werden und wie sie dann vor dem Hintergrund der einzelnen Arbeitsschritte sinnvoll zu nutzen sind. Nur so gelingt es, solide und langlebige Gebäude zu errichten, die dann auch durchgängig dem gewünschten Zweck dienen. Die Bekämpfung der Obdachlosigkeit wäre demnach die positive Konsequenz dieser Entscheidung.

Daraus folgt nun, dass die Entscheidungsfindung und ihre Umsetzung von vielen Faktoren abhängig sind, die einbezogen werden müssen – und zwar in einer ganz entscheidenden Handlung, der Überlegung. Notwendig sind Gedanken darüber, welche Entscheidungen getroffen werden sollen und wie diese dann sinnvoll umzusetzen sind. Und dazu bedarf es des Denkvermögens.

1. Denkvermögen:

Lösungen liegen häufig nicht auf der Hand, geschweige denn gute Lösungen. Es müssen oftmals mehrere Aspekte berücksichtigt, abgewogen, verglichen, integriert oder ausgeschlossen werden, um vor dem Hintergrund der Menschlichkeit zustimmungswürdige Lösungen zu finden – und auf diese Weise folglich eine Wahl treffen zu können, die vernünftig ist. Dass das Treffen einer Wahl Konsequenzen hat, ist grundsätzlich bekannt. Häufig wird aber übersehen, dass eine Entscheidung nicht nur Auswirkungen auf das eigene Leben hat, sondern oftmals auch auf das der Mitmenschen. Die eigenen Überlegungen müssen folglich ebenfalls aus der Perspektive der Mitmenschen betrachtet werden. Hier zeigt sich, dass die Entscheidungsfindung ein Unterfangen ist, das nicht selten sehr komplexe Ausmaße annimmt. Und aufgrund dieser Komplexität ist es dringend erforderlich, das eigene Denkvermögen zu steigern: Wir sind sonst nicht oder nur eingeschränkt in der Lage, unter Berücksichtigung der Allgemeinheit sinnvoll zu handeln.

Das Denkvermögen definiere ich als die Fähigkeit, reflektierend und schlussfolgernd mit Inhalten und Sachlagen umzugehen. Dies werde ich in einem kommenden Kapitel, das dem geistigen Training gewidmet ist, noch weiter ausführen.

Ferner ist die Anwendbarkeit des Denkvermögens durchgehend gegeben, erforderlich und somit auch stets notwendig, und das völlig unabhängig von der Situation und dem Themenbereich. Es ist folglich immer einsetzbar. Da das Denkvermögen immer einsetzbar ist, so folgt daraus, dass es beständig einen Nutzen hat und zwar den, dass wir dadurch zu sinnvollen Entscheidungen gelangen. Und sinnvolle Entscheidungen führen zum Erfolg und zusammen mit der Menschlichkeit zur Verbesserung des Miteinanders in jeglicher Hinsicht.

Die notwendigen Konsequenzen aller Entscheidungen und Handlungen können sehr schnell sehr weitreichend sein, insbesondere wenn andere Menschen von der Handlung betroffen sind. Wer sich beispielsweise im Zuge eines Wortgefechts dazu hinreißen lässt, sein Gegenüber nach hinten zu stoßen, dem kann es durchaus passieren, dass diese Person unglücklich stolpert und fällt, schlimme Verletzungen davonträgt und diesen schließlich erliegt. So hatte dann diese Handlung, die bei weitem nicht darauf ausgelegt war, jemandem zu schaden, dennoch katastrophale Folgen – die bei bedächtigerem

Vorgehen nicht eingetreten wären. Diese Konsequenzen betreffen nicht nur den Verursacher selbst, sondern im gewählten Beispiel vor allen Dingen die Angehörigen und Freunde des Verstorbenen, die einen Menschen verloren haben.

Daraus folgt nun, dass auch die möglichen und nicht nur die offensichtlichen oder wahrscheinlichen Konsequenzen einer Handlung zu berücksichtigen sind. Unbedachtes Vorgehen bringt also weit mehr Risiken und Gefahren mit sich, als sich zunächst erschließt. Sie können aber erkannt werden, wenn wir uns vor einer Handlung Gedanken über die Sinnhaftigkeit und über die Konsequenzen dieser Handlung machen. Dies setzt wiederum Denkprozesse voraus, die es zu verbessern gilt.

Untermauert wird die Wichtigkeit des Denkvermögens durch den Aspekt des Wissenserwerbs. Die Menschheit ist bestrebt, aus dem vorhandenen Wissen weitere Erkenntnisse zu gewinnen. Und dieser Prozess erfordert ebenfalls ein gutes Denkvermögen. Denn häufig ist es so, dass einem Sachverhalt sehr viel mehr entnommen werden kann, als auf den ersten Blick scheint. Ohne ein ausgeprägtes Denkvermögen werden uns wesentliche Dinge verborgen bleiben – und der daraus resultierende Zustand des Unwissens wäre nicht nur sehr bedauerlich, sondern auch gefährlich, da daraus unter Umständen Fehler resultieren, die sich zu ernsthaften Problemen entwickeln können.

Unwissen führt ferner zu Misserfolg. Nicht unbegrenzt besteht die Möglichkeit, Versäumtes nachzuholen und Verborgenes zu ergründen, weil Alter und womöglich Krankheit dies erschweren. Mache Dir daher über die folgenden Worte Gedanken:

> *Es ist ratsam, die Zeit, die uns gegeben ist, sinnvoll zu nutzen. Doch sinnvoll nutzen können wir sie erst, wenn wir in der Lage sind, sie sinnvoll zu nutzen. Und dafür müssen wir erst einmal damit anfangen und uns darin üben, sie sinnvoll zu nutzen.*

Beherzige vor diesem Hintergrund insbesondere die folgende Weisheit von Immanuel Kant: »Habe Mut, dich deines eigenen Verstandes zu bedienen!« Kant beschreibt hier einen Weg aus der Unmündigkeit. In der Terminologie dieses Buches bedeutet dies: einen Weg aus der Schwäche. Dessen Wichtigkeit ist unumstritten. Denn der Widerwille, sich dem Training zu widmen, kann dazu führen, ignoriert, kritisiert, nicht ernst genommen, belächelt und verspottet zu werden, weil aus fehlendem Training die Unfähigkeit, also die Unmündigkeit und Unwissenheit folgen. Demnach ist ein Zustand des Unvermögens und Unwissens keiner, bei dem wir verweilen sollten, wenn wir uns die Alternative eines eigenständigen, souveränen und erfolgreichen Lebens vor Augen führen.

Unser Leben können wir nur ein einziges Mal leben, sodass es wichtig ist, uns so früh wie möglich der Unentbehrlichkeit des Trainings bewusst zu werden. Denn wer sich für die Unfähigkeit entscheidet – auch in ihr zu verweilen ist eine Entscheidung –, der darf sich nicht darüber wundern, wenn sich nur Misserfolge einstellen, obwohl Erfolge angestrebt wurden. Ein glückliches und zufriedenes Leben bleibt aus. Betrachten wir deshalb einmal die Stärke vor dem Hintergrund der Glückseligkeit.

Fragen wir einen Menschen, welches Ziel er im Leben verfolgt, so lautet häufig sicherlich die Antwort, dass er ein erfülltes, glückliches und zufriedenes Leben anstrebt. Und diese Antwort ist auch absolut nachvollziehbar. Was aber unter einem erfüllten, glücklichen und zufriedenen Leben verstanden werden kann, ist eine weniger leicht zu beantwortende Frage, da jeder Mensch eine andere Vorstellung davon hat und also diesbezüglich andere Prioritäten setzt.

Betrachten wir dazu einmal die Überlegungen des Aristoteles. Er geht von der Annahme aus, dass das Ziel des Menschen die Glückseligkeit ist und dass der Mensch außerdem ein vernunftbegabtes Wesen ist. Und da der Mensch vernunftbegabt ist, so kann er die Vernunft nutzen, um mit ihrer Hilfe zu bestimmten Tugenden zu gelangen, wie etwa der Klugheit (Verstandestugend) oder der Tap-

ferkeit (Charaktertugend), welche wiederum einen wahrlich tugend-
haften Menschen ausmachen. Laut Aristoteles erreichen wir das Ziel
des glücklichen und zufriedenen Lebens erst dann, wenn wir stets
tugendhaft handeln und uns darin üben, tugendhaft zu sein, und in
Folge dessen ein tugendhafter Mensch werden. Die Glückseligkeit
setzt also nach Aristoteles zum einen die Tugendhaftigkeit voraus,
zum anderen geht die Glückseligkeit mit der Tugendhaftigkeit ein-
her – und zufrieden mit seinem Leben wird erst der Tugendhafte
sein.

Vergleichen wir diese Argumentation mit den Überlegungen
in diesem Buch, so sind bemerkenswerte Parallelen erkennbar. Zunächst einmal besteht aber ein wesentlicher Unterschied. Wo Aristoteles die Ansicht vertritt, dass das Ziel des Menschen die Glückseligkeit sei, so gehe ich von der Annahme aus, dass die Schaffung
der Voraussetzungen für ein glückliches und erfolgreiches Leben,
sprich das Erstarken und das Handeln der Menschlichkeit nach, als
das Ziel des Menschen zu definieren ist, weil erst dann etwa auch
die Glückseligkeit erreicht werden kann.

Zur Erläuterung drei Beispiele: Wird angenommen, dass Erfolge Zufriedenheit hervorbringen, so folgt daraus, dass es auf die
Stärke und die Menschlichkeit ankommt, da sie uns erst ermöglichen, erfolgreich zu sein. Und wenn ein Arbeitgeber bemüht ist,
die Arbeitsbedingungen der Mitarbeiter zu verbessern, so setzt dies
Überlegungen voraus, sprich das Denkvermögen, das dann zu einer
Verbesserung der Arbeitsbedingungen führen wird, was wiederum
der Zufriedenheit dient. Befindet sich ein Mensch in einer Gefahrensituation, so erlaubt es erst die Stärke, ihm beizustehen – und
so mögliche Gewalteinwirkung, daraus resultierende Verletzungen
und zuweilen langfristige Folgen wie eine Minderung seiner Lebensqualität zu verhindern.

Interessant sind nun die Parallelen. Obgleich sich unsere Ziele
unterscheiden, ist unsere Herangehensweise hinsichtlich der Erreichung des glücklichen und zufriedenen Lebens die gleiche. Aristo-

teles spricht von der Ausprägung von Tugenden auf dem Weg zur Glückseligkeit, ich hingegen von der Ausprägung von Fähigkeiten. Aristoteles nennt hier beispielsweise die Tapferkeit und Klugheit, ich hingegen spreche von der Nervenstärke und dem Denkvermögen. Die Terminologie ist lediglich eine andere. Doch genau wie das Denkvermögen ist die Klugheit offenkundig eine Stärke. Die Tugenden sind folglich mit dem Begriff der Stärke zu vereinbaren, da sie selbst als Stärken bezeichnet werden können.

Dass sich unsere Herangehensweisen gleichen, ist kein Zufall: Es gibt schlicht keine andere Lösung. Wer etwas erreichen möchte, der muss fähiger werden und folglich an sich arbeiten. Und darin liegt auch der Grund für den Namen »Der Weg der Menschlichkeit und Stärke«. Kant wie auch Aristoteles unterstreichen die Bedeutung der Verstandesleistungen. Denn der Verstand beziehungsweise das Denkvermögen spielen eine unhintergehbare Rolle für vernünftige Entscheidungen sowie den Nachvollzug und die Gewichtung von Sachverhalten.

Um aber die eigenen Kräfte überhaupt ausüben zu können, sei es in einem Denkvorgang oder einer anderen Handlung, bedarf es nicht selten einer Fähigkeit, die dies erst ermöglicht: die Nervenstärke.

2. Nervenstärke:

Furcht und Unsicherheit, das sind die beiden Dinge, die einen Menschen erstarren lassen und somit handlungsunfähig machen. Und die Handlungsunfähigkeit ist verheerend, da daraus automatisch das Scheitern folgt.

Und dieses Scheitern kann mitunter fatale Folgen haben: Wenn ein Feuerwehrmann ein Kind aus einem brennenden Haus retten will, so wird er dazu nicht in der Lage sein, wenn das Feuer und die damit einhergehende Gefahr seinen Geist in die Knie zwingen. Und wenn ein Chirurg ein Kind am Herzen operieren muss, weil es andernfalls verstirbt, dann braucht er eine ruhige Hand –

die einen ruhigen Geist erfordert, erschwert durch den Umstand, dass das Leben des Kindes in seinen Händen ist und er sich davon nicht verunsichern lassen darf. Wenn ihn diese Tatsache aber doch verunsichern sollte, so wird er das Kind vermutlich nicht retten können.

Und genauso entscheidend ist diese innere Ruhe bei Zweikämpfen. Erleben wir starke Furcht oder Unsicherheit, so wird es uns nicht möglich sein, uns selbst, geschweige denn einen Mitmenschen zu verteidigen. Die Nervenstärke hat nun die Aufgabe, solche negativen Gefühle unter Kontrolle zu bringen. Eliminieren können wir sie nicht, da es menschlich ist, etwa Furcht zu empfinden. Ja, in einer gewissen Ausprägung ist sie etwas Nützliches: Sie schützt uns nämlich davor, unnötige Risiken einzugehen. Zu glauben, die eigenen Fähigkeiten seien unübertroffen, und auf dieser Annahme die eigene Furchtlosigkeit zu begründen, wäre Hochmut. Und was kommt grundsätzlich immer vor dem Fall?

Wir dürfen der Furcht jedenfalls nicht erlauben, unsere Handlungsfähigkeit einzuschränken. Ist die Nervenstärke gut ausgeprägt, findet eine solche Einschränkung nicht statt. Ist sie schwach ausgeprägt, führt das zu einer starken Beeinträchtigung der Handlungsfähigkeit. Die Nervenstärke definiere ich folglich als die geistige Belastbarkeit inmitten von Stress-, Konflikt- und Gefahrensituationen. Und dies gilt es zu verbessern. – Es folgen nun Überlegungen zur körperlichen Stärke.

2.1.2   Körperliche Stärke

Für jeden rational handelnden Menschen, der der Menschlichkeit viel abgewinnen kann, muss das Vorhandensein von Menschen, die ganz bewusst und zuweilen sogar geplant ihren Mitmenschen durch Raub, Mord und Vergewaltigung Schaden zufügen, sehr befremdlich und unwirklich erscheinen und doch gibt es sie, die Taten verüben, die jeglicher Zustimmungswürdigkeit entbehren. Es ist folglich denkbar, dass man im Laufe des Lebens auf einen dieser Menschen trifft und im Zuge dessen gezwungen sein kann, sich oder die Mitmenschen zu verteidigen. Der Weg der Menschlichkeit und Stärke ist eine Kampfkunst und somit ist auch die Selbstverteidigung ein wichtiger Aspekt, dem wir Aufmerksamkeit schenken müssen. Und vor diesem Hintergrund handeln die kommenden Überlegungen von der Schnellkraft, der Technik und der Kampfstrategie.

1. Schnellkraft:

Wer sich ernsthafte Gedanken darüber macht, wie er ein fähiger Zweikämpfer werden kann, was überhaupt erst die Bedingung dafür ist, sich selbst und die Mitmenschen effektiv verteidigen zu können – insbesondere wenn dann noch bedacht wird, dass auch die Gegenwart mehrerer Angreifer eine realistische Möglichkeit ist –, der sollte meines Erachtens den Blick zuerst auf die Physik richten. Schaue Dir dazu folgendes an:

$$F = m \times a$$

Das ist die newtonsche Formel für die Kraft, auf welche ich immer wieder zurückkommen werde, da ich sie für die Selbstverteidigung als wichtig erachte. Sie wird beschrieben als Masse × Beschleunigung. Oder mit anderen Worten ausgedrückt: Je schwerer ein Körper ist und je schneller er beschleunigt, umso mehr Kraft entwickelt er auch in eine Richtung; und je mehr Kraft er entwickelt, umso mehr Schaden wird als Wirkung dieser Kraft an einem Objekt verursacht. Es ist zweifelsohne erkennbar, dass wir diese Gleichung analog auf die Selbstverteidigung anwenden können. Für die Selbstverteidigung bedeutet das nämlich, dass je mehr Muskelmasse wir besitzen und je schneller wir sie beschleunigen können, desto größer ist auch die wirksame Kraft, aber diesmal nicht auf ein Objekt, sondern auf einen Angreifer. Und je größer die auf den Angreifer wirkende Kraft, umso gravierender die verursachten Verletzungen, die ihn dann auch zeitgleich zur Aufgabe zwingen.

Es gibt in der Trainingslehre einen Begriff, der dieses Konzept widerspiegelt, und das ist die Schnellkraft. Jürgen Weineck bezeichnet die Schnellkraft als den »…Kraftanstieg bis zum Erreichen des Kraftmaximums«. Daraus folgt, dass die Schnellkraft die Fähigkeit des menschlichen Körpers ist, einen großen Kraftimpuls zu erzeugen und zwar auf dem Weg von einem Punkt A (Bewegungsanfang) über einen Weg n (Bewegungsausführung) zu einem Punkt B (Kontakt). Eine gut ausgeprägte Schnellkraft ist folglich die Voraussetzung einer effektiven Selbstverteidigung. Zusätzlich zur Schnellkraft müssen die Schläge und Tritte richtig ausgeführt werden, sonst geht ein Teil der Kraftentfaltung verloren. Das bringt mich zu der nächsten Fähigkeit, der Technik.

2. Technik:

Die Ausführung von Techniken im Kontext einer Kampfkunst definiere ich als die Fähigkeit, die Schnellkraft zielgerichtet und wirkungsvoll einzusetzen. Solche Techniken lassen sich in Angriffs- und Verteidigungstechniken unterscheiden. Bei Angriffstechniken geht es logischerweise darum, den Gegner zu treffen, und umgekehrt bei Verteidigungstechniken, nicht getroffen zu werden. Ich beginne mit den Angriffstechniken.

a) Angriffstechniken   Bei der Auswahl der Schlag- und Tritttechniken habe ich mich an dem Konzept orientiert, dass der kürzeste Weg zwischen zwei Punkten eine Gerade ist. Die gerade Bewegungsausführung hat den Vorteil, dass der Kontakt schnell stattfindet und trotzdem ein langer Beschleunigungsweg vorhanden ist. Ein langer Beschleunigungsweg hat zweitens den Vorteil der Distanz: der Radius sämtlicher gegnerischer Techniken wird gemieden. Drittens kann der Kraftanstieg sein volles Potential ungehindert entfalten.

Ferner habe ich mich insbesondere auch für jene Techniken entschieden, die Angriff und Verteidigung zugleich sind. Vor diesem Hintergrund haben folgende Techniken Einzug in diese Kampfkunst gefunden:

1. gerader Fauststoß

2. seitlicher Ellenbogenschlag

3. gerader Stoßtritt

4. seitlicher Stoßtritt

5. gedrehter Stoßtritt

6. Low-Kick

Da eine Darstellung samt weiterer Erläuterungen rein anhand von Bildern nicht zielführend ist, werde ich an anderer Stelle darauf eingehen. Auch werde ich dann die Kampfstellung dieser Kampfkunst detailliert erläutern.

b) Verteidigungstechniken Bei der Auswahl der Blocktechniken und Ausweichbewegungen habe ich mich darauf konzentriert, dass erstere einen großen Bereich des Körpers schützen, damit empfindliche Körperbereiche von robusteren geschützt sind, und dass letztere Distanz aufbauen, damit vermieden wird, selbst getroffen zu werden.

Grundsätzlich gilt im Zweikampf zunächst folgendes: Die Ausweichbewegungen haben Vorrang und Blocktechniken werden nur dann eingesetzt, wenn das Ausweichen platz- oder zeitbedingt nicht ausführbar ist. Denn wird ein Angriff nämlich geblockt, so findet ja dennoch ein Kontakt statt – und es ist durchaus möglich, dass bei einem kraftvollen Angriff die Arme oder Beine im Zuge des Blockens verletzt werden, was zu einer Minderung der Verteidigungsfähigkeit oder sogar zu einer sofortigen Niederlage führen kann. Blocktechniken sind also keine Verteidigungsmethode, die frei von Risiken ist. Folglich ist es stets ratsamer, Angriffen auszuweichen, als ihnen mit einem Block zu begegnen.

Um auch auf den Fall vorbereitet zu sein, in dem das Ausweichen nicht möglich ist, haben folgende Blocktechniken den Einzug in den Weg der Menschlichkeit und Stärke gefunden:

1. seitlicher Arm- und Schienbeinblock

2. innerer Armblock

3. äußerer Armblock

4. unterer Armblock

5. Ellenbogenblock

Diese Auswahl an Ausweichbewegungen vermeidet den Kontakt und damit jede Schadenseinwirkung:

1. Ausweichbewegung zur Seite

2. Ausweichbewegung nach hinten

Da auch bei den Verteidigungstechniken eine Darstellung rein anhand von Bildern nicht zielführend ist, folgen weitere Erläuterungen an anderer Stelle.

Sind diese Techniken verinnerlicht, so stellt sich im nächsten Schritt die Frage, wie sie sinnvoll eingesetzt werden können und welches Vorgehen sich im Zweikampf grundsätzlich empfiehlt. Das führt mich zur Kampfstrategie.

3. Kampfstrategie:

Die Kampfstrategie erhöht die eigene Effektivität und minimiert das Schadensrisiko. Die Kampfstrategie definiere ich folglich als die Fähigkeit der sinnvollen Vorgehensweise in Zweikämpfen. Dabei unterscheide ich zwischen allgemeiner und technikbasierter Vorgehensweise.

a) Allgemeine Vorgehensweise Am Beginn jeder Zweikampfsituation sollten wir uns fragen, an welcher Stelle wir uns positionieren sollten. Wähle eine Stelle, die genug Raum für Ausweichbewegungen bietet, um nicht von vornherein auf Blocktechniken angewiesen zu sein. Sei dabei bemüht, den Gegner an eine Stelle zu manövrieren, wo ihm die Möglichkeit zum Ausweichen genommen oder stark eingeschränkt wird. Führe primär Ausweichbewegungen nach hinten aus, da Du beim seitlichen Ausweichen von nicht korrekt ausgeführten oder zur Seite ausscherenden Techniken getroffen werden kannst. Ausweichbewegungen nach hinten bieten ferner den Vorteil, dass Distanz aufgebaut wird – Distanzangriffe werden ermöglicht, die Reichweite der gegnerischen Angriffe wird verlassen. Halte also stets einen möglichst großen Abstand zum Gegner ein, er dient sowohl der Verteidigung als auch dem Angriff. Bewegungen zur Seite sind sinnvoll, um sich vorteilhafter zu positionieren.

Bei den Angriffstechniken ist darauf zu achten, dass die Distanz ausgenutzt wird und dabei nur wenige Techniken zum Einsatz kommen. Ersteres ermöglicht eine hohe Kraftentwicklung durch lange Beschleunigungswege, insbesondere wenn es sich um die Tritttechniken handelt. Letzteres gründet auf dem Gedanken, dass gezielte Angriffe, die den Gegner sicher treffen, sinnvoller sind als viele aneinandergereihte Techniken, die dann nicht selten unpräzise und weniger kraftvoll (zugleich aber unnötig kraftraubend) sind. Hier kommt auch die Menschlichkeit ins Spiel: Je häufiger eine Krafteinwirkung stattfindet, umso höher ist auch die Gefahr, dem Gegner schwere Verletzungen zuzufügen. Für die Beendigung eines Kampfes sind schwere Verletzungen weder notwendig noch mit der Menschlichkeit zu vereinbaren.

Angriffe müssen den Gegner dennoch treffen. Und da stellt sich natürlich die Frage, welche Punkte des Körpers besonders verwundbar sind und infolge dessen geeignete Angriffsziele darstellen, wo Treffer den Kampf rasch beenden. Ich unterscheide diesbezüglich zunächst zwischen drei Trefferbereichen. Erstens der Bereich zwischen Knie und Hüfte, sprich der Unterkörper. Zweitens der Bereich zwischen Hüfte und Schulter, sprich der Oberkörper. Und drittens der Bereich des Kopfes samt dem Hals. Ich beginne mit dem Bereich des Kopfes.

Aus rationaler Sicht stellt der Bereich des Kopfes das optimale Angriffsziel für Schlag- und Tritttechniken dar. Im Zuge des Trainings baut der Mensch in den Bereichen des Ober- und Unterkörpers eine Muskulatur auf, die diese Bereiche wie eine Rüstung bis zu einem gewissen Grad vor Krafteinwirkungen schützt. Doch im Bereich des Kopfes gibt es keine solche schützende Muskulatur und in der Halsregion keine nennenswerte, die Schlag- und Tritttechniken abfangen könnte. Die Krafteinwirkungen finden hier also gänzlich ungehindert statt und es ist folglich leichter, genau in diesem Bereich kampfentscheidende Verletzungen zu verursachen. So ist es nicht verwunderlich, dass häufig beobachtet werden kann, wie Kontrahenten sich gegenseitig genau dort zu treffen versuchen.

Aus der Perspektive des Kampfkünstlers ist diese Überlegung kritisch zu hinterfragen. Denn die Verletzbarkeit von Kopf und Hals ist sehr ausgeprägt – wirken wir nun mit einer hoch trainierten Schnellkraft darauf ein, so muss die Frage gestellt werden, inwiefern es überhaupt zu verantworten ist, den Kopfbereich als Angriffsziel zu betrachten. Zu unterscheiden ist dabei zwischen Schlag- und Tritttechniken, letztere sind den Schlagtechniken hinsichtlich ihrer Kraftentfaltung immens überlegen. Das liegt zum einen daran, dass die Beine länger sind und somit einen längeren Beschleunigungsweg haben als die Arme. Zum anderen sind die Beine wesentlich größer und somit auch deutlich schwerer. Die Faktoren Masse und Beschleunigung sind demnach bei der Kraftentfaltung bei den Beinen stärker ausgeprägt, Tritttechniken somit sehr viel verheerender und folglich auch weitaus gefährlicher als Schlagtechniken.

Es ist also dringend geboten, mittels Tritttechniken ausgeführte Angriffe auf die Bereiche des Ober- und Unterkörpers zu beschränken. Bei Schlag- und Ellenbogentechniken gilt die einzige Beschränkung, dass der Hals kein Angriffsziel sein darf.

Im Bereich des Oberkörpers ist insbesondere der Solarplexus als Angriffsziel hervorzuheben, da er sehr empfindlich auf Treffer reagiert. Desungeachtet eignet sich grundsätzlich der ganze Oberkörper als Angriffsziel, ohne dass dies differenzierter zu betrachten ist.

Im Bereich des Unterkörpers ist insbesondere das Knie ein hervorragendes Ziel, da es als Gelenk eine hohe Anfälligkeit aufweist. Zusätzlich stellt das Knie auch das am nächsten gelegene Ziel dar, was den Kontakt erleichtert. Auch hier eignet sich aber grundsätzlich der ganze Unterkörper als Angriffsziel.

Hier haben wir gesehen, welche Punkte des Körpers besonders verwundbar sind und wie grundsätzlich vorzugehen ist. Daran anschließend stellt sich die Frage, welche Techniken wann eingesetzt werden sollten. Dies beantwortet der nun folgende Abschnitt zur technikbasierten Vorgehensweise.

b) Technikbasierte Vorgehensweise   Tritttechniken sind wirkungsvoller als Schlagtechniken, folglich eignen sich erstere besser für die Führung eines Kampfes – und zwar nicht nur wegen ihres höheren Schadenpotentials, sondern auch, weil sie mehr Sicherheit bieten.

Grundsätzlich eröffnet ein Angriff mit frontalen oder seitlichen Stoßtritten den Kampf, gefolgt von einem gedrehten Stoßtritt oder einem geraden Fauststoß. Bewegungen nach hinten oder gegebenenfalls zur Seite bauen wieder Distanz auf, um abermals aus der

Distanz angreifen zu können. Gedrehte Stoßtritte eignen sich ferner hervorragend für Konter. Low-Kicks dienen primär dem Zweck, den Gegner zu Fall zu bringen – etwa wenn wir bei einer Tritttechnik des Gegners mit seitlichen Arm- und Schienbeinblocks dessen Bein greifen konnten und dann mit einem Low-Kick das Knie attackieren. Low-Kicks sind aber auch in einer Angriffskombination mit Fauststößen auf mittlere Distanz sehr wirkungsvoll. Hier sind auch die Blocktechniken gut anwendbar, um Angriffe zur Seite abzulenken oder mithilfe des Ellenbogenblocks abzuwehren. In der Nahdistanz gilt es, Fauststöße und insbesondere Ellenbogenschläge zu nutzen, um den Gegner zu bekämpfen.

Noch eine Anmerkung zur Kampfstrategie. Die vorgestellten Vorgehensweisen sollen Dir lediglich dabei helfen, in Zweikämpfen die Oberhand zu gewinnen. Der Zweikampf ist zu vielschichtig und unberechenbar, als dass jemals irgendjemand eine Strategie zu entwickeln vermochte, die den Erfolg garantiert. Merke Dir daher folgendes:

> *Wer ein guter Zweikämpfer werden will, der muss neben der Verinnerlichung dieser Kampfstrategien zusätzlich noch alle Fähigkeiten intensiv trainieren und viel Kampferfahrung im Zuge möglichst realistischer Übungskämpfe sammeln. Erst dann wird er in der Lage sein, sich und seine Mitmenschen effektiv und erfolgreich zu verteidigen.*

2.1.3   Charakterliche Stärke

Ausgreifende Trainingserfolge bedingen einen langen Trainingszeitraum, deshalb ist die Kontinuität des Trainings von zentraler Bedeutung – erst sie versetzt uns in die Lage, kontinuierlich und sicher Fortschritte zu erzielen, um dann immer weiter positive Änderungen herbeizuführen und im Leben voranzukommen. Um aber diese Dauerhaftigkeit aufrechterhalten zu können, bedarf es der Disziplin und der Geduld.

1. Disziplin:

Lass mich Dir die Disziplin anhand eines Beispiels erläutern. Wer bereits in jungen Jahren die Entscheidung getroffen hat, ein Mediziner zu werden, der hat einen schweren und langwierigen Weg vor sich. Er muss bereits in der Schule viel Zeit und Arbeit in die Verinnerlichung der schulischen Inhalte investieren, um Voraussetzungen für das Medizinstudium zu erwerben. Im Studium selbst folgt die Auseinandersetzung mit sehr anspruchsvoller Literatur, die Inhalte sind zu verstehen und anzuwenden. Wie die Schulzeit dauert diese Etappe lang und fordert einem Menschen viel ab.

Die Faktoren Zeit und Schwierigkeitsgrad sind das eine, zugleich bauen die Inhalte aufeinander auf. Es genügt deshalb nicht, nur sporadisch zu lernen. Ohne *kontinuierliches* Lernen entstehen Wissenslücken, die ein Verständnis unmöglich machen und damit das Ziel, Mediziner zu werden, in weite Ferne rücken, wenn nicht unmöglich machen.

Ferner ist es denkbar, dass die Umsetzung des Plans eine Arbeit notwendig macht, mit der sich die Zeit des Studiums finanzieren lässt. Und trotz dieser Mehrbelastung ist ein Nachlassen bei den Inhalten des Studiums unbedingt zu vermeiden. Wir sehen, wie fordernd die Umsetzung des obigen oder eines vergleichbaren Vorhabens ist. Um entschlossen und unbeirrt an der Umsetzung eines Vorhabens festzuhalten, wie arbeitsintensiv oder schwierig es auch sein mag, brauchen wir also Disziplin. Sie definiere ich als die Fähigkeit, sich ein Ziel zu setzen und an dessen Erreichung unnachgiebig festzuhalten. Die Wichtigkeit der Disziplin wird weiter deutlich, wenn wir uns die vielfältigen Quellen der Ablenkung vergegenwärtigen.

In unserer hochmodernen Zeit gibt es »intelligente« Smartphones, leistungsfähige Computer, bildgewaltige Fernseher, opulente Diskotheken – sie alle und vieles mehr können die Fokussierung des Menschen zerstreuen. Warum? Weil es sich um Dinge handelt, die Freude bereiten. Vergleichen wir nun die Anforderungen, die etwa ein Studium stellt, mit der Vielfalt der Ablenkungsmöglichkeiten, so ist es durchaus nachvollziehbar, dass so ein Vorhaben bei mangelnder Disziplin scheitern kann: Ohne eine disziplinierte Vorgehensweise mögen Arbeitsintensität und daraus resultierende Entbehrungen schlicht überfordern und mag die Waagschale sich hin zur Ablenkung neigen.

Doch ist die Ursache des Scheiterns oder einer Neuorientierung nicht zwangsläufig in mangelnder Disziplin zu suchen. Fehlt insbesondere das Interesse, um sich mit einem Thema leidenschaftlich zu beschäftigen, so zeugt eine Neuausrichtung nicht von fehlender Disziplin, sondern ganz im Gegenteil von vorhandener Weitsicht. Stehen wir vor der Frage, auf welchen Tätigkeitsbereich oder auf welches Vorhaben wir unseren Blick richten sollten, so sichert seine Übereinstimmung mit unseren Interessen die Freude daran. Aus Freude folgt Motivation, die zusammen mit der Disziplin gute Ergebnisse hervorruft. Die Wahl eines Berufs nach seinem Ansehen, ohne sich für diese Tätigkeit zu interessieren, führt nicht weit. Menschen sind verschieden und haben folglich unterschiedliche Interessen. Und der Versuch, krampfhaft ein Interesse für etwas zu entwickeln, nur weil damit Prestige einhergeht, wird den Erfolgsbemühungen in diesem Bereich nicht unbedingt zuträglich sein. Ist aber großes Interesse vorhanden und wir scheitern dennoch, dann ist dies zumeist mangelnder Disziplin geschuldet.

Zusätzlich zur Disziplin ist Geduld vonnöten. Bekanntermaßen gibt es viele Wege, ein Ziel zu erreichen. Der Mensch neigt dazu, Abkürzungen zu suchen, um schneller an das Ziel zu gelangen. Übst Du Dich dagegen in Geduld, vermeidest Du zugleich die mit Abkürzungen verbundenen Risiken und daraus resultierenden Probleme.

2. Geduld:

In der Tat ist es nachvollziehbar, dass Menschen Ziele möglichst schnell zu erreichen geneigt sind. Sie erhoffen sich dadurch eine Verbesserung der Lebensqualität und möchten ein Vorhaben deshalb zügig realisieren. Ruhelosigkeit ist aber häufig ein zweischneidiges Schwert.

Wenn etwa das Ziel schnellen Muskelwachstums verfolgt und dafür zu anabolen Substanzen gegriffen wird, dann geht das rasche Wachstum der Muskeln auf Kosten der Gesundheit. Und es ist gar nicht einmal so unwahrscheinlich, dass die gesundheitlichen Folgen dieses Vorgehens die Lebensqualität stärker mindern können, als es das Muskelwachstum zu erhöhen vermag. Wenn wir schließlich bedenken, dass dieses Ziel auch erreicht werden kann, indem wir uns nur ein wenig mehr Zeit nehmen, so kann die Nutzung solcher Substanzen nur mehr als unsinnig angesehen werden. Und wer beispielsweise fehlendes fachliches Wissen durch die Einstellung von gut ausgebildeten Beratern zu kompensieren versucht, der kann auf diese Weise zunächst einmal vieles erreichen, ohne viel dafür getan zu haben. Doch die Sicherheit des dadurch erlangten, jetzigen oder zukünftigen Erfolgs oder der dadurch erlangten Position ist trügerisch. Angesichts fehlenden eigenen Wissens und mangelnder Fähigkeiten fehlt bereits die Möglichkeit, die Qualität der Beratung zu prüfen – vielleicht werden Intrigen und andere Risiken übersehen. Der Ungeduldige riskiert, alles zu verlieren, ohne sich dessen bewusst zu sein.

Geduld ist also vonnöten, um durch die Erkenntnisse aus langwierigen Bildungsprozessen Abhängigkeiten von den Beratern des Beispiels zu vermeiden und in der Lage zu sein, die Entwicklung etwa eines Unternehmens aus eigener Kraft positiv voranzutreiben. Die Mühen der geduldigen Arbeit richten sich darauf, Ziele mit Dauerhaftigkeit, Stabilität und Zufriedenheit zu erreichen. Die dafür benötigte Geduld definiere ich als die Fähigkeit, sich bei einem Vorhaben oder bei der Erreichung eines Ziels Zeit zu nehmen. Merke Dir daher folgendes:

> *Das Leben ist lang genug, dass wir es uns erlauben können,*
> *uns Zeit zu nehmen.*

Insbesondere wer sich Wissen aneignen und es anwenden will, wird die Wichtigkeit der Geduld bald erkennen: Lesen wir etwa einen Text überhastet, dann gehen wir das Risiko ein, die dortigen Inhalte misszuverstehen. Und wenn wir dann versuchen, falsches Wissen anzuwenden, dann kann daraus nur ein Scheitern folgen. Und je nachdem, wie wichtig die Inhalte jenes Textes sind, kann dieses Scheitern weitreichende Konsequenzen haben, die sich zu Problemen entwickeln können, welche hätten vermieden werden können.

Ich habe Dir bis hierhin die körperliche, geistige und charakterliche Stärke nähergebracht und Dir dargelegt, weshalb das Training der genannten Fähigkeiten so wichtig ist. Du darfst aber niemals vergessen, dass ein Kampfkünstler in erster Linie ein menschliches Lebewesen ist, das die Stärke im Dienst der Menschlichkeit nutzt. Obgleich ich die Pflicht, wie noch zu sehen sein wird, als den wichtigsten Grund dafür ansehe, nach der Menschlichkeit zu handeln, werde ich mich der Menschlichkeit auch aus rationaler, empathischer und aus der Sicht der Überzeugung und Empfindung nähern.

2.2   Die Bedeutung der Menschlichkeit

> *Jeder Mensch muss für das, was er erreichen und aufrecht-*
> *erhalten will, kämpfen.*

Die eigentliche Frage, die hier aufkommt, lautet doch: Was soll erreicht oder aufrechterhalten werden? Oder anders gefragt: Wofür will ich meine Fähigkeiten denn nutzen? Noch anders gefragt: Was soll ich als Mensch eigentlich tun? Meines Erachtens kann nur die Menschlichkeit darauf eine zustimmungswürdige Antwort geben. Wenn wir erfolgreich sein und unsere Ziele erreichen möchten, so ist daran nichts verwerflich, es sei denn, wir fügen auf dem Weg dorthin den Mitmenschen und somit häufig auch uns selbst Leid zu. Wir brauchen folglich etwas, woran wir uns orientieren können, sprich etwas, das uns dabei hilft, vernünftige Entscheidungen zu treffen – die Menschlichkeit. Hier lässt sich die Frage, was der Mensch eigentlich tun soll, bereits allgemein beantworten: Der Mensch soll sich im Zuge des Vorankommens nach der Menschlichkeit richten. Dies werde ich im Folgenden näher erläutern.

2.2.1 Menschlichkeit im alltäglichen Leben

Wer sich bemüht, den Mitmenschen zu helfen, und sie respektvoll behandelt, der kann davon ausgehen, dass diese Hilfe und der respektvolle Umgang erwidert werden. Und so werden andauernde Wechselwirkungen in Bewegung gesetzt, mit denen ein harmonisches, brüderliches und von Respekt geprägtes Miteinander geschaffen wird, aus dem insbesondere Fortschritt und ein friedliches Zusammenleben folgen. Wenn wir uns also bemühen, die Menschlichkeit zu verinnerlichen und uns nach ihr zu richten, so wird das Leben insgesamt automatisch lebenswerter – woraus Produktivität, Sicherheit und Zufriedenheit folgen.

Wer anderen Menschen aber aus Neid, Gier, Boshaftigkeit oder aber aus rein kriminellem Antrieb Leid zufügt, der wird nicht darauf hoffen können, dass die Menschen ihm wohlgesonnen sind und ihm mit Offenheit und Zuneigung begegnen. Viel wahrscheinlicher ist eine ablehnende Haltung oder sogar Feindschaft. So jemand erschafft sich demnach nicht nur eine sehr feindselige Welt, sondern muss dann auch in ihr leben, zusammen mit all den Gefahren, Schwierigkeiten und Ausgrenzungen, die damit einhergehen.

Mich bewegt an dieser Stelle die Frage, weshalb es überhaupt Menschen gibt, die sich ganz bewusst für ein Leben in der Kriminalität entscheiden, wo doch widerspruchsfrei gezeigt werden kann, dass ein derartiges Leben keine Zustimmungswürdigkeit aufweisen kann und mit der Menschlichkeit folglich nicht zu vereinbaren ist. Welche Faktoren können ein kriminelles Leben nachvollziehbar (wenn auch keinesfalls zustimmungswürdig) machen? Das Aufzeigen der Gefahren, der Folgen und vor allen Dingen der Unsinnigkeit eines kriminellen Lebens sollen die Nachvollziehbarkeit dann entkräften.

Es sind Faktoren wie Geld, Respekt und Einfluss, die einen Menschen dazu motivieren, sich kriminellen Strukturen anzuschließen, da diese Dinge so im Vergleich zu harter Arbeit und hartem Training verhältnismäßig schnell erlangt werden können. Wer folglich nicht gewillt ist, Zeit in die Verbesserung der Leistungsfähigkeit zu investieren, für den stellt Kriminalität eine vermeintlich ansprechende Lösung dar, um rasch etwa an Geld oder Einfluss zu gelangen. Aus der Sicht eines Menschen, der mithilfe von kriminellen Handlungen viel erlangen will, ohne Arbeit aufzuwenden, und der sich auch der Gefahren einer solchen Lebensführung bewusst ist, mag die Entscheidung, sein Leben derart zu führen, nachvollziehbar sein – unter Umständen findet er gar Gefallen daran. Wie kann aber ein Mensch, der Freude an einem kriminellen Leben empfindet, von einer anderen Art der Lebensführung überzeugt werden?

Zunächst einmal ist es unverständlich, wie aus einem Leben überhaupt Gefallen entstehen kann, von dem wir bereits instinktiv wissen, dass es moralisch verwerflich ist und deshalb allein Gefühle der Schuld und Beschämung hervorbringen kann. Die unmenschliche Art zu handeln widerspricht den instinktiven Einsichten in eine gute Lebensführung, diese können jedoch von der Gier und den sie begleitenden Gedanken an eine Gewinnmaximierung und Einflusszunahme überdeckt werden.

Um dennoch ein Umdenken herbeizuführen, bedarf es meines Erachtens der Rationalität, Empfindung und Empathie, der Überzeugung und Pflicht. Mithilfe dieser Elemente gelingt es, sich von der Bedeutung der Menschlichkeit zu überzeugen, sie zu verinnerlichen und sich zukünftig nach ihr zu richten.

Das erste Argument richtet sich gegen die Freude an einem kriminellen Leben und basiert auf der Erweiterung des eigenen Horizonts. Denn das Leben bietet einem Menschen in unserer modernen Welt so viele Perspektiven und Möglichkeiten, dass die Annahme, an nichts anderem außer der Kriminalität Gefallen finden zu können, geradezu absurd ist. Doch wird dieses Argument auch einen Menschen zum Umdenken bringen, der nicht nur Freude am kriminellen Leben hat, sondern dabei auch erfolgreich ist? Die einzige Argumentation, die dann einen Richtungswechsel bewirken kann, ist eine auf dem Begriff der Menschlichkeit gründende. Ich werde mich zuerst rational und danach aus Sicht des Empfindens der Menschlichkeit nähern und dabei gleichzeitig auf die Folgen eines kriminellen Lebens eingehen – und es dadurch als ebenso unsinnig entlarven wie auch diskriminierendes und rassistisches Verhalten.

Die Schaffung einer harmonischen, brüderlichen und sicheren Welt verstehe ich als einen Grund. In einem deduktiven Schlusssystem kann dieser Grund als Prämisse dazu dienen, die Sinnhaftigkeit eines auf Menschlichkeit basierenden Handelns zu zeigen. Diese Aussage mag zunächst ein wenig kompliziert erscheinen. Die Idee dahinter lässt sich aber leicht erklären.

Nehmen wir einmal an, Du beobachtest, wie eine Person einer anderen beisteht. Nun näherst Du Dich ihr und fragst sie, wieso sie der anderen Person geholfen hat. Daraufhin antwortet sie Dir: »Ich habe ihr geholfen, weil ich erkannt habe, dass auf diese Weise andauernde Wechselwirkungen in Bewegung gesetzt werden, mit denen eine harmonische, brüderliche, sichere und von Respekt geprägte Welt geschaffen werden kann.« Alles, was bei dieser Antwort nach dem Wort »weil« folgt, ist die Prämisse in diesem dedukti-

ven Schlusssystem und somit auch der Grund dafür, menschlich
gehandelt zu haben, was wiederum die Schlussfolgerung ist. Die
Überlegung in einem Satz vereinfacht: Wir sollten menschlich handeln, weil wir wissen, dass dadurch eine bessere Welt geschaffen
wird. Es gilt also folgendes:

*Wer eine bessere Welt schaffen möchte, der muss nach der
Menschlichkeit handeln, weil nur so Besserung erreicht werden kann.*

Auf die Frage, wie man das genau wissen kann, werde ich gleich
eine Antwort geben. Das gleiche deduktive System lässt sich nun
auch für den Negativfall aufbauen. Moralisch verwerflich handelt
demnach, wer eine feindselige Welt schaffen will. Das ist auf den
Punkt gebracht grotesk und auch gänzlich unvernünftig. Und ich
habe erkannt, dass diese feindselige Welt weit mehr Gefahren und
Schwierigkeiten beherbergt, als sie das eigene Leben und das der
Angehörigen vermeintlich bereichern könnte. Insbesondere die Gefahr ist hervorzuheben, da sie ausgreifender ist, als zunächst scheint.
Kriminelle Handlungen führen mit der Zeit, bisweilen auch augenblicklich, zu Feindschaften. Und diese Feindschaften sind nicht nur
eine ständige Bedrohung für uns selbst, sondern auch für die Familie
und Freunde, die völlig unverschuldet in etwas hineingezogen werden, das ihnen am Ende das Leben kosten kann. Und jeder Versuch
dies zu verantworten, ist automatisch zum Scheitern verurteilt.

Ein weiteres Argument, die Sinnlosigkeit eines kriminellen Lebens zu untermauern, liefert uns Immanuel Kant: »Der Krieg ist
darin schlimm, daß er mehr böse Menschen macht, als er deren
wegnimmt.« Krieg und Kriminalität sind grundsätzlich ein und
dasselbe. Der Unterschied ist lediglich quantitativer Natur. Aus kriminellen Handlungen folgen weitere kriminelle Handlungen, weil
die eigenen kriminellen Handlungen Leid und Schaden verursachen,
woraus Feindschaften und Rachegedanken entstehen können – und
sich somit die Anzahl derer erhöhen kann, die auf boshafte Art

aktiv werden und so weiter. Die Kriminalität erzeugt folglich einen Teufelskreis, aus dem es nur durch persönliche Veränderung ein Entkommen gibt.

Eine dritte Überlegung, die auf der zweiten aufbaut, basiert auf dem Begriff des Vorsatzes. Was kriminelle Handlungen so unmenschlich macht, ist nicht nur das verursachte Leid, sondern insbesondere der Vorsatz. Die Täter fügen den Mitmenschen nämlich intentional Leid zu. In dieser Intentionalität liegt ein äußerst wichtiger Unterschied für die Betroffenen: Schon den Verlust eines geliebten Menschen durch einen Unfall zu verkraften, ist für Angehörige sehr schwer. Aber eine dahinterstehende Intention mag es verständlich werden lassen (wenn auch weiterhin falsch), wenn ein Angehöriger nun das Gefühl verspürt, die Rechnung begleichen zu wollen, gar begleichen zu müssen. Begründen lässt sich dieses Gefühl mit der oft starken Zuneigung der Person gegenüber, die einem vorsätzlich genommen wurde. Daraus folgt nun, dass dieses Gefühl die Wahrscheinlichkeit erhöht, dass aus Rache eine weitere kriminelle Tat begangen wird. Daraus folgt, dass es nur Verlierer geben kann, wenn wir uns nicht an der Menschlichkeit orientieren.

Doch ganz offensichtlich sind sich manche Menschen nicht ganz bewusst, welche Folgen ihre Handlungen für die Mitmenschen haben, oder ignorieren sie. Sollten wir nun deswegen unmittelbar negativ über sie urteilen? – Ich denke, wir sollten nicht über Menschen urteilen, sondern über ihre Beweggründe; dies ist ein erforderlicher Schritt. Wenn eine Person eine moralisch verwerfliche Handlung ausführt, so sollten wir daraus nicht zu der Schlussfolgerung gelangen, dass diese Person ein unmoralischer Mensch ist, sondern dass ihre Beweggründe unmoralisch sind. Wir greifen so nicht die Person selbst an. Sie wird sich somit im Idealfall auch nicht persönlich angegriffen fühlen und folglich eher bereit sein, Ratschläge anzunehmen. Stehen ihre Beweggründe im Vordergrund, kann eine Person diese mittels rationaler Überlegungen und einer Hinwendung zur Empfindung und Empathie, zur Überzeugung und

Pflicht ändern – am Ende kann sie davon überzeugt werden, zu einem hilfsbereiten und verständnisvollen Menschen zu werden.

Für den Weg dorthin gilt es zunächst einmal festzuhalten, dass auf Menschlichkeit basierendes Handeln gar keine Gefahren birgt, sondern ganz im Gegenteil nur positive Aspekte mit sich bringt, das Leben aller Menschen lebenswerter macht und somit allen Menschen gleichermaßen hilft. Und diese positiven Auswirkungen der Menschlichkeit lassen sich rational am besten zeigen, wenn wir zusätzlich zur Rationalität das Empfinden hinzuziehen, da der Mensch ein gefühlsfähiges Wesen ist.

Wenn Du einem Menschen hilfst, dann wird diese Hilfe nicht primär aus rationalen Gründen erwidert, sondern vor allen Dingen aus Gründen der Empfindung. Dieser Mensch wird Dir dankbar sein und diese Dankbarkeit auch spüren. Und aus diesem Gefühl heraus wird er seine Schuld begleichen wollen, genauso wie wir selbst auf Hilfsbemühungen mit Dankbarkeit reagieren werden.

Dies sind die Wechselwirkungen, von denen ich gesprochen habe: Sie sind für mich auch der Hauptgrund dafür, wieso auf Menschlichkeit beruhendes Verhalten Besserung herbeiführt. Wenn wir also wissen, dass die Menschen auf der Gefühlsebene Dankbarkeit, Zuneigung und das Gefühl von Sicherheit verspüren, so kommen wir auf rationaler Ebene zu dem Schluss, dass es sinnvoll ist, diese Gefühle mit auf Menschlichkeit basierenden Handlungen zu kultivieren, weil genau dadurch Besserung erreicht werden kann.

Und die Richtigkeit dieser Überlegung liegt auf der Hand, ist evident: Wenn sich ein Mensch von Dir respektvoll behandelt fühlt und auch weiß, dass Du ihm stets helfen wirst, dann wird dieser Mensch bemüht sein, Dir ebenfalls zu helfen und sich Dir gegenüber korrekt zu verhalten. Wie anders, wenn er davon ausginge, dass du ihm Leid zufügen könntest – wovon die Menschen verständlicherweise ausgehen werden, wenn sie einen kriminellen Menschen vor sich haben oder sonst wie der Meinung sind, es mit einem unmoralischen oder nicht vertrauenswürdigen Menschen zu tun zu haben.

Nehmen wir also die Rationalität und verbinden sie mit der Empfindung und wenden diese Verbindung dann auf die Menschlichkeit an, dann kommen wir zu dem Schluss, dass es weise ist, menschlich zu handeln. Zusammengefasst: Wenn wir also bemüht sind, einen Menschen dazu zu bringen, sich von einem kriminellen Leben zu distanzieren und eine andere Art der Lebensführung anzunehmen, dann müssen in einem ersten Schritt die Gefahren und die Sinnlosigkeit eines kriminellen Lebens begründet hervorgehoben und die Sinnhaftigkeit der Menschlichkeit unterstrichen werden. Wir bewegen uns hier folglich auf der rationalen Ebene und der Ebene des Empfindens. Und damit diese Bemühungen Erfolg haben, sind ferner die Empathie, die Überzeugung und insbesondere die Pflicht wichtig. Deswegen werde ich auf diese Begrifflichkeiten in Kürze eingehen.

Auch Diskriminierung und Rassismus beruhen auf moralisch angreifbaren Handlungen und Überzeugungen. Bei beiden wird ein Merkmal bei einem Menschen als Grund genommen, sich ihm gegenüber rassistisch und diskriminierend zu verhalten. So sind es Merkmale wie die Hautfarbe, die Religionszugehörigkeit, das Alter, das Geschlecht, das Aussehen oder die Herkunft, die manche Menschen tatsächlich als Gründe ansehen, um ihr diskriminierendes Verhalten zu rechtfertigen.

Diese Verhaltensweise lässt sich aber widerspruchsfrei entkräften. Die entscheidende Frage ist doch: Inwiefern ist beispielsweise eine andere Hautfarbe oder eine andere Herkunft ein Verbrechen beziehungsweise inwiefern ist es moralisch verwerflich, eine andere Hautfarbe oder andere Wurzeln zu haben? Die Art der Frage mag in diesem Kontext verwundern, weil an diesen Merkmalen nichts Verwerfliches auffindbar sein kann. Und doch gibt es ganz offenbar Menschen, die mit diesen Merkmalen unbegründete negative Assoziationen verbinden. Moralisch angreifbare Handlungen sind de facto zu sanktionieren, doch diese Merkmale bieten rational, geschweige denn menschlich betrachtet keine Angriffspunkte, die ein diskriminierendes oder rassistisches Vorgehen rechtfertigen.

Wird ferner bedacht, dass ein diskriminierendes oder rassistisches Vorgehen nie gerechtfertigt sein kann, so bleiben nur noch die Argumente der Ignoranz und der Erfahrung als mögliche Ursache dieses Vorgehens übrig, da die instinktive Einsicht, dass dieses Verhalten ebenfalls falsch ist, auch in diesen beiden Fällen vorhanden sein wird.

Stellten wir einem Menschen, der sich rassistisch verhält, die Frage, ob eine solche Behandlung der Mitmenschen in Ordnung sei, würde dieser Mensch diese Frage dann bejahen oder verneinen? Ist er moralisch völlig verkommen, suchte er vermutlich nach Argumenten, mit denen er verzweifelt und hoffnungslos versuchte, seine Handlungen zu rechtfertigen. Fragten wir ihn dann, ob er damit einverstanden wäre, selbst über einen längeren Zeitraum diskriminiert zu werden, was würde er antworten?

Die Vorstellung dieses Dornenwegs würde ihn vermutlich nicht sonderlich dazu motivieren, diese Frage zu bejahen. Wohl würde er verstummen oder der Beantwortung ausweichen, um sich nicht eingestehen zu müssen, dass sein Verhalten falsch sein muss. Das wiederum ist ein Musterbeispiel für Ignoranz. Sich einer bestimmten Tatsache bewusst zu sein, sei es auch nur instinktiv, und dennoch gegensätzlich zu handeln, bedeutet so viel wie, diese Tatsache zu ignorieren. Gegen die Ignoranz mancher Menschen anzukämpfen, ist sehr mühsam, denn Ignoranz ist resistent gegenüber Argumenten und macht folglich auch unbelehrbar.

Geschehen muss aber etwas. Zunächst ist festzuhalten, dass diskriminierende und rassistische Handlungen Leid verursachen. Folglich sind sie hinsichtlich des Resultats nicht von kriminellen Handlungen zu unterscheiden. Und genau auf die gleiche Weise, wie hier eine auf der Kriminalität basierende Lebensführung ad absurdum geführt wurde, lässt sich eine rassistisch motivierte Lebensführung oder Herangehensweise gänzlich zurückweisen.

Problematisch wird es immer dann, wenn die Einsicht, dass diskriminierende und rassistische Handlungen falsch sind, von negativen Erfahrungen überwogen wird und sich so trotzdem eine Antipathie gegenüber bestimmten Menschengruppen entwickelt hat. Was ist zu tun? – Hier gilt es zunächst einmal festzuhalten, dass wir nicht von einer Person oder mehreren Personen auf alle Personen schließen dürfen. Menschen sind verschieden und somit müssen bestimmte Ideen, Einstellungen und Überzeugungen, die ein bestimmter Mensch aufweist, nicht zwangsläufig auch bei einem anderen Menschen vorzufinden sein.

Wenn eine Person x mit dem Merkmal y eine moralisch verwerfliche Handlung z ausführt, können wir dann daraus schlussfolgern, dass eine andere Person a mit dem gleichen Merkmal y die Handlung z ebenfalls ausführen wird? Wenn wir nicht gerade telepathische Kräfte besitzen und in die Gedanken der Menschen hineinschauen können, so ist der Wahrheitswert dieser Schlussfolgerung unmöglich zu bestimmen: Wir können nicht wissen, ob eine andere Person mit dem gleichen Merkmal in der gleichen Situation vergleichbar handeln würde. Folglich ist es unsinnig, von einer Person auf andere zu schließen. Dadurch entwickeln sich lediglich Vorurteile, die durch subjektive und selektive Erfahrungswerte beispielsweise der Familie scheinbar bestätigt werden, sich verfestigen und schließlich zu Rassismus und diskriminierendem Verhalten entwickeln können.

So ist hier abermals erkennbar, wie wichtig es ist, an dem Gedanken der Menschlichkeit festzuhalten, damit wir gar nicht erst in diese von Vorurteilen und Rassismus motivierte Abwärtsspirale hineingeraten können – dies liefe auf Leid hinaus, woraus sich nur weiteres Leid entwickeln kann, genauso wie es bei dem beschriebenen Teufelskreis der Kriminalität der Fall ist. Neben der Rationalität und der Empfindung helfen die folgenden Gedankengänge zur Empathie, zur Überzeugung und zum Begriff der Pflicht dabei, die Menschlichkeit zu verinnerlichen.

Der Mensch ist ein gefühlsfähiges Wesen. Er spürt nicht nur die eigenen, sondern auch die Leiden oder Freuden anderer, das ist mit Empathie gemeint. Und da der Mensch Gefühlszustände verspürt, kommt es nicht selten vor, dass etwa Wut, insbesondere wenn sie rassistisch motiviert ist, die Empathie überdeckt und somit zur Ursache einer menschenfeindlichen Handlung wird.

Dass Wut ein schlechter Ratgeber ist, lässt sich zweifelfrei begründen. Und so stellt sich die Frage, wie sich dieser Gefühlszustand ändern lässt. Betrachte dazu einmal die Folgen einer auf Wut basierenden Tat empathisch. Du wirst dann das Leid des anderen und seiner Angehörigen spüren können, noch bevor Du es tatsächlich verursachst. Dieser Schritt wird Dir ermöglichen, Wut in Anteilnahme umzuwandeln, ohne dass es zu unüberlegten und von falschen Gefühlen geleiteten Handlungen kommt. Du darfst zwar Wut empfinden, aber Du darfst nicht zulassen, dass dieses Gefühl Deine Taten lenkt. Allerdings ist Empathie bei jedem Menschen unterschiedlich stark ausgeprägt und bei starker persönlicher Betroffenheit durch die Umstände kann sie unter Umständen gar nicht wirksam werden. Folglich ist sie kein verlässlicher Grund dafür, der Menschlichkeit nach zu handeln.

Wenn wir aus Überzeugung handeln, so gehen wir mit Gewissheit davon aus, dass unsere dazu führenden Überlegungen richtig sein müssen. Wenn wir folglich aus Überzeugung *menschlich* handeln, so haben wir die Entscheidung getroffen, dass es richtig sein muss, sich bei den Handlungen nach der Menschlichkeit zu richten. Die Grundlage dieser Entscheidung können Erkenntnisse aus rationalen Überlegungen sein, Empathie oder aber auch das Empfinden, woraus sich diese Überzeugung oder Haltung herauskristallisiert hat. Doch obgleich eine Überzeugung erheblich dabei hilft, sich menschlich zu verhalten, so rate ich davon ab, sich gänzlich auf sie zu verlassen. Selbst wenn diese Überzeugung sehr stark ist, so ist dennoch nicht ausgeschlossen, dass sie erschüttert werden kann und somit nicht wirksam zu menschlichem Handeln führt. Dazu gibt es nur einen einzigen Grund, der keine Schwäche aufweist, und das ist die Pflicht.

Wenn wir aus Pflicht heraus menschlich handeln, so gilt es zunächst zu erkennen, dass der Begriff »Pflicht« ein überaus souveräner Begriff ist. Er trotzt nämlich automatisch sämtlichen Unzulänglichkeiten oder Argumentationen, die sie zu entkräften oder außer Kraft zu setzen suchen. Hat sich ein Mensch dazu verpflichtet, den Mitmenschen zu helfen, so gilt diese Pflicht auch dann, wenn er auf hilfsbedürftige Menschen trifft, mit denen er sich aber überworfen hat oder mit denen er in wechselseitigem Hass verbunden ist. Empathie und Überzeugungen können dadurch sehr negativ beeinflusst sein, und folglich gilt unabdingbar:

> *Wer sich im Weg der Menschlichkeit und Stärke übt, den verpflichtet diese Kampfkunst dazu, der Menschlichkeit nach zu handeln.*

Die Bedeutung der Pflicht liegt insbesondere darin, dass sich die Menschen auf sie verlassen können, genauso wie sie sich auf die Stärke verlassen können.

Rationalität und Empfindung sind die Grundlage zur Verinnerlichung der Menschlichkeit. Wenn wir dann zusätzlich zu Pflicht, Empathie und Überzeugung mithilfe von rationalen Überlegungen und der Empfindung verstanden hab, dass es auch *weise* ist, menschlich zu handeln, so wird es uns auch *leichter* fallen, stets richtig zu handeln – insbesondere da diese Verpflichtung uns viel abverlangt und es somit nicht einfach ist, ihr gerecht zu werden.

Diese Verpflichtung auf die Menschlichkeit, die jeder Mensch eingehen muss, wenn er sich für den Weg dieser Kampfkunst entscheidet, hat viel mit Immanuel Kants kategorischem Imperativ gemeinsam: »Handle nur nach derjenigen Maxime, durch die du zugleich wollen kannst, dass sie ein allgemeines Gesetz werde.« Welche zustimmungswürdigere Maxime kann es geben, als die, der

Menschlichkeit nach zu handeln? Denn in ihr treten Pflicht und
Überzeugung in eine innige Verbindung.

Die Menschlichkeit beinhaltet unter anderem die Hilfsbereitschaft. Wenn wir uns nun nicht nur dazu verpflichtet *haben*, hilfsbereit zu sein, sondern uns im Optimalfall auch aus der Überzeugung
heraus dazu verpflichtet *sehen*, so schließt die Pflicht negative Faktoren wie beispielsweise den Egoismus aus. Wenn wir uns nämlich
sowohl dazu verpflichtet haben, jemandem zu helfen, als auch dazu
verpflichtet sehen, so werden wir dieser Pflicht nachkommen, ohne
eine Gegenleistung zu erwarten oder einzufordern.

Hier sehen wir auch, dass eine rationale Sicht auf die Menschlichkeit allein nicht ausreicht. Denn betrachten wir sie eben rein rational, so laufen wir Gefahr, dass etwa der Egoismus und die Gier die
eigene Menschlichkeit korrumpieren. Zugleich ist Rationalität allerdings die Grundlage für eine Verinnerlichung der Menschlichkeit
und letztlich als Garant fehlerfreier Erkenntnis Basis alles anderen.
Wer auf Basis einer fehlerbehafteten Erkenntnis zu einer Überzeugung, Pflicht oder Lebenseinstellung gelangt, trifft Fehlentscheidun-
gen und vollzieht unter Umständen unmenschliche Handlungen.
Auf dem schwachen Fundament falscher Überlegungen entsteht
vielerlei Schaden.

Mit Empathie und dem darin enthaltenen Begriff des Mitge-
fühls kommen wir da ein Stück weiter. Die Empathie ist zu leisten
imstande, was die Rationalität für sich allein genommen nicht kann:
je nach Ausprägungsgrad ausschließen, dass wir einem anderen Leid
zufügen oder uns von einem Menschen in Not abwenden. Denn das
Wissen über moralische Verwerflichkeit bedeutet noch lange nicht,
dass sich ein Mensch moralisch richtig verhält. Nicht jeder rational
und berechnend vorgehende Mensch legt in seinen Handlungen
zwingend Menschlichkeit an den Tag. Obwohl ihn seine Rationalität in den Stand versetzt, die Richtigkeit menschlichen Handelns
einzusehen, verhält er sich vielleicht konträr zur Menschlichkeit,
und sei es lediglich durch Unterlassung. Die Fähigkeit des Menschen

zum rationalen Denken ist folglich erst dann ein Segen, wenn sie mit der Menschlichkeit einhergeht.

Wer zu der Überzeugung gelangt, dass es auf Grundlage der rationalen Überlegungen, des Empfindens und der Empathie richtig sein muss, der Menschlichkeit nach zu handeln, der ist fast am Ziel angelangt.

Die Pflicht als der wichtigste Grund dafür, der Menschlichkeit nach zu handeln, trotzt nun im letzten Schritt sämtlichen möglichen Unzulänglichkeiten, die es uns erschweren können, menschlich zu handeln. Dazu gehören etwa fehlende Empathie, eine zu schwach ausgeprägte Überzeugung, fehlende Einsicht in die Relevanz von Menschlichkeit aufgrund mangelnder rationaler Überlegungen – oder besondere Umstände wie Schicksalsschläge, die sich wie ein Schatten über die Überzeugungen oder Empathie legen und so diese Gründe des moralischen Handelns abschwächen können.

Wenn wir mit Immanuel Kant sagen, »Wir sind nicht auf der Welt, um glücklich zu werden, sondern um unsere Pflicht zu tun«, dann bringt das nicht zum Ausdruck, dass der Glückseligkeit keine Wichtigkeit anhafte, sondern Kant will die Bedeutung der Pflicht hervorheben. Denn sie ist der verlässlichste Grund dafür ist, der Menschlichkeit nach zu handeln. Kein anderer Grund als die Pflicht weist den Charakter der Notwendigkeit auf. Dennoch verlangt uns Menschen die Pflicht viel ab. Insofern wird selbst Pflicht von ein wenig Unterstützung profitieren, um ihrer Aufgabe noch besser nachkommen zu können.

Pflicht allein ist bereits äußerst souverän. Doch begleitet von einer Überzeugung, wird sie noch weiter gefestigt. Denn haben wir uns verpflichtet und handeln zusätzlich aus der Überzeugung an die Verpflichtung zur Menschlichkeit, so wird fortan beispielsweise die Hilfsbereitschaft ein selbstverständlicher Teil der eigenen Verhaltensweise und Persönlichkeit sein. Wir werden folglich sowohl aus Pflicht als auch aus Überzeugung hilfsbereit sein.

Wir erkennen hier die Grundzüge einer Ethik, in deren Kern es nicht nur darum geht, aus Pflicht heraus menschlich zu handeln, sondern auch darum, von dieser Pflicht *überzeugt* zu sein. Denn tatsächlich ließe sich ja die Frage stellen, ob die Pflicht zur Menschlichkeit überhaupt zustimmungswürdig ist. Und wenn wir diese Frage am Ende bejahen können, so gelangt wir eben zu dieser Überzeugung.

Und dabei hilft wiederum die Pflicht selbst. Denken wir den Begriff der Pflicht weiter, so erkennen wir, dass sie zu einer Überzeugung führen wird. Denn folgen wir dieser Pflicht, der Menschlichkeit nach zu handeln, so werden wir beispielsweise stets hilfsbereit sein – die Folge sind unter anderem Dankbarkeit und ein besseres Miteinander. Dass die eigene Hilfsbereitschaft etwas Positives bewirken kann, lässt sich also empirisch erkennen. Und aus diesen empirischen Beobachtungen können wir zu der Erkenntnis gelangen, dass moralisches Handeln in der Tat Dinge in der Welt bewegen kann. Diese Erkenntnis lässt sich nun als Grundlage nutzen, um daraus zu der Überzeugung oder Haltung zu gelangen, dass es richtig sein muss, sich an der Menschlichkeit zu orientieren. Je häufiger und ausgreifender wir der Menschlichkeit nach handeln, umso ausgeprägter wird auch die Überzeugung werden.

Deshalb stellt sich zusammenfassend nicht mehr die Frage, ob wir helfen sollten oder nicht, sondern wie wir im Rahmen der eigenen Fähigkeiten jemandem beistehen können. – Ich bin mir dabei sicher, dass jeder Mensch, ob trainiert oder untrainiert, beispielsweise zu einer Konfliktlösung beitragen kann. Niemand verlangt von einem Untrainierten, sich etwa in Zweikämpfe einzumischen, aber ist es immer möglich, dann zumindest Unterstützung zu rufen.

Da aber erst die Stärke unsere Bemühungen um die Menschlichkeit zum Erfolg führen kann, so müssen wir uns folgendes stets vor Augen führen:

Befreit von Menschlichkeit, ist Stärke eine Gefahr – und
befreit von Stärke, ist Menschlichkeit unbeholfen.

Stärke und Menschlichkeit sind zwar zwei unterschiedliche Dinge, gehören aber zusammen und können auch nur als Einheit einen wesentlichen Unterschied ausmachen: Aus der Verpflichtung, menschlich zu handeln, folgt ja nicht automatisch auch die Befähigung, einem Mitmenschen helfen zu können. Diese müssen wir uns erst erarbeiten.

2.2.2 Menschlichkeit im Zweikampf und in Konfliktsituationen

Über das bisher Gesagte nachdenkend, wirst Du Dich womöglich fragen, ob Dich der Wille zur Verteidigung vor dem Hintergrund der Menschlichkeit berechtigt, einem Angreifer unter Umständen Schaden zuzufügen – der, bei einer ausgeprägten Schnellkraft, schnell verursacht werden kann. Schauen wir uns dazu die Zweikampfsituation einmal an.

Ein Zweikampf ist eine körperliche Auseinandersetzung zweier Menschen, wo mit Schlägen, Tritten, Würfen und Hebeln versucht wird, den jeweils anderen zur Aufgabe zu zwingen. Zur Aufgabe zwingen kann man einen Menschen in einer bereits begonnenen körperlichen Auseinandersetzung nur mittels Verletzung beispielsweise durch Schlagtreffer oder mittels der Auslösung des Schmerzempfindens beispielsweise durch Hebel. Daraus folgt, dass die Beendigung eines Zweikampfes Krafteinwirkungen voraussetzt, die die Handlungsfähigkeit des Angreifers unterbinden. Man spricht hier auch von Notwehr. Es stellt sich also nicht die Frage, ob eine Krafteinwirkung gerechtfertigt ist, sondern in welchem Maße oder in welcher Stärke.

Dazu folgende Überlegung: Ein Zweikampf ist stets eine gefährliche Situation und bei weitem keine Trivialität, wie zuweilen getätigte Aussagen wie »eine Rauferei zwischen jungen Männern« implizieren. Es besteht also die Notwendigkeit, dieser Situation so schnell wie möglich Herr zu werden, den Zweikampf rasch zu beenden. Dafür ist eine hohe Krafteinwirkung erforderlich, denn eine bloß unterschwellige Krafteinwirkung wird den Gegner nicht zur Aufgabe bewegen. Ganz im Gegenteil: Der Gegner wird dadurch nur noch erzürnter, greift weiter und mitunter heftiger an und stellt folglich eine erhöhte Gefahr dar. Das bedeutet:

> *Ein Kampfkünstler wehrt sich nicht entschlossen, weil er sich wehren will, sondern weil er es muss – nicht nur, um sich und andere Menschen vor Schaden zu bewahren, sondern weil es die Situation erfordert.*

Eine entschlossene Gegenwehr darf nicht gleichgesetzt werden mit einer Erlaubnis dafür, Zweikämpfe mit beliebiger Härte zu führen. Darauf werde ich im Abschnitt über das Training der Schnellkraft weiter eingehen.

Du könntest mir hier aber dennoch entgegnen, dass eine Alternative zum möglichen Konflikt in dem geläufigen Ratschlag besteht, wegzulaufen oder nachzugeben – weil auf diesem Wege dann doch vermeintlich niemand zu Schaden kommt. Und ich könnte Dir diese Vorgehensweise nicht einmal übelnehmen. Denn dieser Ratschlag kehrt in einem solchen Maße wieder, dass es beinahe nachvollziehbar ist, wenn er in Fleisch und Blut der Handlungen übergegangen wäre.

Die Problematik zeigt sich darin, dass wir mit solch einer Vorgehensweise dem Konflikt zwar zunächst entfliehen können, ihn aber gleichzeitig entweder auf einen anderen Menschen oder womöglich wieder auf uns selbst übertragen: bei einer erneuten Begegnung mit dem Aggressor. Diese Person wird nämlich weitermachen und weiterhin Leid verursachen, bis sie aufgehalten oder von einer anderen Verhaltensweise überzeugt wird. Das gilt es zu verstehen, darin liegt auch der Grund, weshalb die Lösung von Konflikten notfalls auch durch das Führen von Zweikämpfen gänzlich mit der Menschlichkeit zu vereinbaren ist. Es geht darum, eine Person davon abzuhalten, immer wieder neues Leid hervorzurufen.

Die entscheidende Überlegung ist: Wenn wir dank des Trainings in der Lage sind, einen Menschen davon abzuhalten, Leid zu verursachen, dann sollten wir auch handeln – und zwar selbst dann, wenn wir uns nicht dazu verpflichtet haben oder verpflichtet sehen. Wir sollten helfen, wenn wir erstarkt sind. Wer, wenn nicht ein hochtrainierter Mensch sollte seinen Mitmenschen beistehen? Wäre es richtiger, von einem völlig untrainierten Menschen zu verlangen, dass er in einer Gefahrensituation Zivilcourage und Hilfsbereitschaft zeigt? Diese Frage ist tatsächlich nicht leicht zu beantworten.

Ich denke, es ist grundsätzlich falsch, von einem Menschen zu verlangen, was – wie etwa das Eingreifen in einen Zweikampf – ohne ausreichendes Training keine Erfolgsaussichten hätte. Wir würden uns nur selbst in Gefahr bringen, ohne etwas bewirken zu können. Zweifelsohne würde uns diese Tat ehren, bliebe aber dennoch wirkungslos. Wenn wir aber etwas bewirken können, so stehen wir in der Verantwortung zu helfen. Hierin besteht wiederum Übereinstimmung mit dem Handlungsgrundsatz dieser Kampfkunst, der einen Kampfkünstler verpflichtet, der Menschlichkeit nach zu handeln, was Hilfsbereitschaft selbsterklärend mit umfasst.

Damit ist zugleich erkennbar, weshalb die Aussage, dass der Klügere immer nachgeben solle, de facto falsch ist: Nicht der Klügere gibt nach, sondern nur der Untrainierte. Niemandem ist damit geholfen, dass unsinnige und leidzufügende Handlungen zugelassen werden, weil irgendjemand der Meinung ist, nachzugeben sei sinnvoll. Bedenken wir ferner, dass diese Vorgehensweise stets propagiert wird, so fällt es zwar leicht, sich dahinter zu verstecken, um Konflikten aus dem Weg zu gehen. Doch was macht ein Mensch, der die Meinung vertritt, nachzugeben sei sinnvoll – und sich deswegen nicht dem Training widmet –, wenn die Konfliktpartei die Feindseligkeiten nicht einstellt, obwohl der Wunsch geäußert wurde, in Ruhe gelassen zu werden? Ruft er oder sie dann um Hilfe? Und was passiert, wenn ihn oder sie niemand hört oder wenn der Hilferuf zwar gehört, aber ignoriert wurde?

Auseinandersetzungen sind selbst dann nicht ausgeschlossen, wenn wir nachgeben und wir dürfen nicht von der Annahme ausgehen, dass uns immer jemand zu Hilfe kommt. Daraus folgt nun, dass wir uns bisweilen zur Wehr setzen müssen, sei es mit Worten oder Taten. Erfolgreich wehren kann sich aber nur, wer zuvor erstarkt ist. – Und genau deswegen bist Du ja hier.

Im Zuge des Trainings wird ein Mensch immer fähiger und ist somit besser auf Konfliktsituation vorbereitet. Wie können wir nun diese Befähigung nutzen, um Konflikte auf eine Weise zu lösen, dass sie gar nicht erst in Zweikämpfe münden, dass also Verletzte vermieden werden? Ich möchte Dir jetzt eine Alternative zur körperlichen Auseinandersetzung zeigen.

Ich habe darüber nachgedacht, wie wir einen Konflikt lösen können, ohne nachzugeben, und dennoch die Wahrscheinlichkeit verringern, dass er in Gewalt umschlägt. Das erfordert, dass alle unsere Fähigkeiten ein hohes Niveau erreicht haben: Denn diese Möglichkeit sieht vor, dass sich in Sprache, Mimik, Gestik, dem entschlossenen Auftreten und der erkennbaren Selbstbeherrschung das hohe Trainingsniveau zeigt und der Aggressor intuitiv die für ihn daraus resultierende Gefahr erkennt – und von seinem Vorhaben ablässt beziehungsweise seine Aggressionen runterreguliert. Stärke kann also eine potentiell gefährliche Situation entschärfen, sodass niemand zu Schaden kommt.

Wenn wir dazu unsere Präsenz noch zusätzlich mit Argumenten für eine friedvolle Lösung verstärken, die den Aggressor sogar zu einer möglicherweise andauernden Einstellungsänderung bewegen, dann ist das eine Handlungsfolge, die eines Kampfkünstlers würdig ist.

Durch von Souveränität begleitete Sprache kann ein Aggressor zum Einlenken und insbesondere zum Nachdenken bewegt werden. Und so möchte ich Dir jetzt zeigen, wie in Konfliktsituationen vorzugehen ist. Deine Vorgehensweise sollte folgendermaßen aufgebaut sein, um Konflikte zu lösen und unnötige Zweikämpfe zu vermeiden:

1. Du zeigst Deine Souveränität und, wenn angebracht, Deine Kampfbereitschaft;

2. Du ermittelst die Konfliktursache;

3. Du suchst nach einer Lösung;

4. Du setzt die Lösung um;

5. Du vergewisserst Dich, dass die Lösung akzeptiert und der Konflikt geklärt ist.

Insbesondere der erste Punkt ist entscheidend. Ohne souveränes und selbstbewusstes Auftreten ist ein Vorankommen im Sinne der Menschlichkeit äußerst schwierig, weil wir von der Konfliktpartei dann womöglich nicht ernst genommen werden. Kampfstrategisch wäre das zwar das Beste, was dem Verteidiger passieren kann, weil man ihn dann unterschätzt und es im Kampf ein böses Erwachen gäbe. Doch dazu soll und darf es nicht kommen. Folglich müssen Anstrengungen unternommen werden, um körperliche Auseinandersetzungen zu vermeiden. Deshalb ist es wichtig, die eigene Stärke gleich zu Beginn hervorzuheben. Auf diese Weise verschaffen wir uns Respekt und auch Gehör – und erst damit werden wir auch argumentativ weiterkommen.

Allerdings gibt es auch Menschen, die Konflikte gezielt suchen, obwohl sie die Fähigkeiten des Gegners erkannt haben, die auch Argumenten nicht zugänglich und somit unbelehrbar sind oder aber unvermittelt und direkt angreifen. Merke Dir daher folgendes:

Es kann Momente geben, wo die Menschlichkeit von uns einfordern wird, dass wir uns mit ganzem Herzen in den Zweikampf stürzen.

Folglich sollten wir darauf vorbereitet sein.

Neben dem Aspekt des Schutzes gibt es eine zweite Begründung für das Führen von oder die Beteiligung an Zweikämpfen, die erst bei genauerem Hinsehen die Menschlichkeit erkennen lässt. Dazu sagt Miyamoto Musashi: »Es gibt einen Nutzen des Kampfes, nämlich den, dass man dadurch die Kunst erlernt, den Sieg zu erringen.« Zweikämpfe sind demnach als ein Teil der Ausbildung zum Kampfkünstler anzusehen. Dem ist auch insofern zuzustimmen, als aus dem Verlauf des Zweikampfes geschlussfolgert werden kann, was es individuell zu verbessern gilt. Wenn wir im Zuge dessen zu einem fähigeren Kämpfer werden, so können wir uns dem Schutz anderer erfolgreicher widmen, was wiederum der Menschlichkeit dient.

Doch der primäre Grund muss stets die Menschlichkeit sein. Wenn Musashis Überlegungen mit dem Weg der Menschlichkeit und Stärke in Einklang gebracht werden, so ergibt sich daraus der Ansatz, dass wir aus der Menschlichkeit heraus stärker werden, um dann besser im Stande zu sein, der Menschlichkeit nach zu handeln.

Das Bestreben, der Menschlichkeit Nachdruck zu verleihen, lässt sich nur dann realisieren, wenn wir erstarken, dessen wirst Du Dir mittlerweile bewusst sein. Zu diesem Zweck müssen wir ausnahmslos an jeder Fähigkeit intensiv arbeiten. Und wie das genau aussieht, werde ich Dir nun zeigen. Doch bevor ich mich dem Aspekt des Trainings widme, möchte ich Dir noch eine letzte Weisheit mit auf den Weg geben:

> *Je stärker wir werden, umso ausgreifender werden die Wirkungen unserer eigenen Handlungen sein. Und je nachdem, wie wir uns entscheiden, werden die Handlungen äußerst positiv sein und uns selbst und die Mitmenschen weiterbringen oder aber äußerst zerstörerisch und Leid verursachen. Seien wir folglich bemüht, uns stets richtig zu entscheiden.*

2.3 Die Geburt eines Kampfkünstlers

Wie gesehen lässt sich der Wunsch, viel bewirken zu *wollen*, nicht gleichsetzen mit der Befähigung, viel bewirken zu *können*. Der Übergang vom Wunsch zur tatsächlichen Befähigung lässt sich nur auf eine Art und Weise vollziehen: durch Training. Wie aber motivieren wir einen Menschen dazu, sich intensivem Training zu widmen? Meines Erachtens ist der beste mögliche Motivator die Notwendigkeit. Wenn die Befähigung, viel bewirken zu können, Training voraussetzt, so weist Training folglich eine Notwendigkeit auf. Es gibt keine Alternative zum Training.

Wenn wir nicht bereit sind, uns dem Training zu widmen, dann werden wir nicht stärker. Aus fehlender Stärke folgt ein Unvermögen, etwas bewirken oder erreichen zu können. Daraus entsteht Misserfolg, darauf mag Frust folgen, darauf Zorn, was zu Missgunst führen kann – und schlagartig finden wir uns in der Kriminalität wieder und führen Handlungen aus, die unüberlegt sind, uns selbst und anderen Schaden zufügen und die nicht mehr rückgängig zu machen sind. Das Training hat folglich eine weitaus größere Bedeutung, als wir zunächst vermuten könnten, da es uns nicht nur fähiger macht, sondern auch vor Misserfolg und Frust schützt wie auch davor, Fehler zu begehen. Ich werde Dir also jetzt zeigen, wie Du die einzelnen Fähigkeiten sinnvoll trainierst, angefangen mit dem Training des Geistes.

2.3.1 Geistiges Training

Indem wir unsere geistige Stärke steigern, lernen wir den Verstand sinnvoll zu gebrauchen, denn nur bedachte Handlungen bringen Besserungen hervor. Zweitens sorgen wir damit für die Sicherstellung der Handlungsfähigkeit in jedweder Situation. Doch als Voraussetzung dafür ist analog zum körperlichen Training die Übung der geistigen Stärke erforderlich.

1. Training des Denkvermögens:

Ausgehend von der Definition des Denkvermögens geht es bei dem Training des Denkvermögens um die Verbesserung der Denkprozesse hinsichtlich der Reflexion und Schlussfolgerung. Bei der Reflexion steht die Wiedergabe von Inhalten durch andere Worte im Zentrum. Auf diese Weise lernen wir, Inhalte zügig und richtig zu verstehen; ein Verständnisprozess findet statt. Die Schlussfolgerung geht daran anknüpfend einen Schritt weiter. Hier steht die Frage im Mittelpunkt, welche Erkenntnisse aus einem Wort, einem Satz oder einem Text *folgen*. Demnach findet ein Erkenntnisprozess statt.

Ich zeige Dir anhand eines Zitats von Immanuel Kant, wie das Training des Denkvermögens funktioniert:

> »Der Mensch ist das einzige Geschöpf, das erzogen werden muss.«

Bei der Reflexion geht es nun darum zu ermitteln, was Immanuel Kant hier genau äußert. Kurz und prägnant formuliert verbindet er in seinem Zitat das Menschsein mit der Notwendigkeit der Erziehung. Das ist die Kernaussage dieses Zitats, nur anders formuliert. Im nächsten Schritt muss die Frage geklärt werden, was dieses Zitat konkret bedeutet oder was daraus geschlussfolgert werden kann. Wenn das Menschsein an die Erziehung geknüpft ist, so folgt daraus, dass die Voraussetzung des Menschseins die Erziehung ist. Der Mensch kann in der Gesellschaft folglich nur dann als solcher funktionieren und seinen Beitrag leisten, wenn er auf Grundlage einer Erziehung eine Entwicklung durchläuft. Daraus folgt wiederum, dass der Erziehung eine hohe Bedeutung beigemessen werden muss. Und wenn die Erziehung eine derartige Wichtigkeit aufweist, so stellt sich die Frage, welche Inhalte im Zuge dieses Ermächtigungsprozesses genau vermittelt werden sollten.

Und ich hoffe, dass Dich die Beantwortung dieser Frage zum Weg der Menschlichkeit und Stärke führt. Wie Du an diesem Beispiel jedenfalls erkennen kannst, folgt eine Überlegung der nächsten, was als Kohärenz bezeichnet wird. Selbstverständlich kann diesem Zitat weit mehr entnommen werden, doch reichen diese Gedankengänge aus, um Dir zu zeigen, dass es absolut entscheidend ist, sich darin zu üben, mit Inhalten auf diese Weise umzugehen, um sie erstens zu verstehen und um zweitens aus dem Verständnis heraus weitere Erkenntnisse zu gewinnen und somit drittens das Denkvermögen zu schulen.

2. Training der Nervenstärke:

Das Training der Nervenstärke erfolgt über die Vergegenwärtigung und Schlussfolgerung des Trainingszustandes. Das Training macht uns leistungsfähiger, und genau dieser Zunahme der Leistungsfähigkeit gilt es sich bewusst zu werden. Über diesen *Verständnis*prozess gelangen wir mithilfe des *Erkenntnis*prozesses zu der Einsicht, dass wir uns mehr zutrauen können – und je fähiger wir werden, desto begründeter ist eine immer weiter ausgeprägte Nervenstärke, die es uns dann erlaubt, unerschrocken und entschlossen zu handeln. Die Verbesserung der Nervenstärke ist folglich mehr eine Frage der Erkenntnis und weniger eine Frage eines tatsächlichen Trainings wie es etwa bei dem Denkvermögen der Fall ist. Das bedeutet aber zugleich, dass der Zugang zu einer hohen Ausprägung der Nervenstärke genauso anspruchsvoll ist, da die Überlegungen hinsichtlich der Selbstreflexion und Schlussfolgerung unsere ständigen Begleiter sein müssen.

2.3.2 Körperliches Training

Die Steigerung der körperlichen Stärke dient bei einer Kampfkunst primär dem Zweck, ein fähiger Zweikämpfer zu werden. Und je fähiger wir werden, umso besser werden wir Zweikämpfe führen können – dem Gegner wird es sehr schwerfallen, Treffer zu erzielen, und unsere eigenen Treffer werden eine verheerende Wirkung haben.

Wenn sich kämpferische Auseinandersetzungen nicht vermeiden lassen, so gilt es sicherzustellen, dass die rechtschaffene Seite siegreich ist; vor diesem Hintergrund ist Training notwendig. Bei meinen kommenden Ausführungen zum Schnellkrafttraining gehe ich von der Annahme aus, dass sich der Praktizierende in einem untrainierten Zustand befindet. Solltest Du bereits fortgeschritten sein, dann kannst Du je nach Trainingszustand mit einer höheren Intensität fortfahren.

1. Schnellkrafttraining:

Der Beginn des Schnellkrafttrainings setzt zunächst ein allgemeines Trainingsziel voraus. Bei einer Kampfkunst gilt es, die Schlag- und Tritttechniken durch Schnellkrafttraining effektiver zu machen. Der nächste Schritt sieht vor, Übungen zu finden, die hinsichtlich des Trainingsziel am geeignetsten sind. Die Logik diktiert, dass es sich um Übungen handeln muss, deren Bewegungsausführung so nahe wie möglich an der tatsächlichen Bewegungsausführung der Techniken liegt. Daraus folgt, dass sich Liegestütze und Kniebeugen am besten dazu eignen, die Schnellkraft für die Schlag- und Tritttechniken zu verbessern.

Ab diesem Punkt ist die Trainingsplanung sehr umfangreich. Zunächst muss ein konkretes Trainingsziel definiert werden. Außerdem: Wie häufig in der Woche wird trainiert, wie intensiv müssen die Trainingseinheiten sein und in welchen Schritten muss die Intensität erhöht werden. Ferner sind die Satzanzahl, die Wiederholungszahl, die Bewegungsausführung und die Pausenlänge zwischen den Sätzen zu ermitteln. Dabei werde ich Inhalte aus Jürgen Weinecks Buch »Optimales Training« und meine eigenen Trainingserfahrungen heranziehen und in meine Ausführungen einfließen lassen. Daraus ergibt sich die folgende systematische Trainingsvorgehensweise:

Erster Punkt: Allgemeines Trainingsziel Das Schnellkrafttraining dient dem Zweck, die Effektivität der Schlag- und Tritttechniken zu erhöhen.

Zweiter Punkt: Konkretes Trainingsziel Für die Schlagtechniken: Es gilt, 30 Liegestütze unter 30 Sekunden bei einer zusätzlichen Belastung von 40 kg in Form einer auf dem Rücken liegender Gewichtsplatte absolvieren zu können.

Für die Tritttechniken: Es gilt, 40 Kniebeugen unter 40 Sekunden bei einer zusätzlichen Belastung von 40 kg in Form eines mit Gewichten gefüllten Rucksacks auf dem Rücken oder einer auf den Schultern befindlichen Langhantel durchführen zu können.

Dritter Punkt: Trainingshäufigkeit Bedacht werden muss, dass der Körper nach dem Training Zeit zur Regeneration und für die Superkompensation braucht. Training hat als Reaktion auf eine Belastung nämlich eine Adaption des Körpers zur Folge. Ist diese Adaptionszeit zu kurz bemessen, dann folgt daraus entweder mangelnde Regeneration oder aber fehlende Superkompensation. Mangelnde Regeneration hat zur Folge, dass wir trotz des weiteren Trainings schwächer werden, und fehlende Superkompensation führt zur Leistungsstagnation. Wird die Zeitspanne zu lang bemessen, dann beginnt der Körper den Leistungszuwachs wieder abzubauen (Weineck).

Meine Trainingserfahrungen haben mir gezeigt, dass die geeignetste Trainingshäufigkeit für das Schnellkrafttraining bei zwei Trainingseinheiten wöchentlich liegt, wo einmal zwei Tage und einmal drei Tage zwischen den Trainingseinheiten liegen. Dies deckt sich mit Weinecks Überlegungen, er spricht von maximal jedem zweiten Tag. Wenn Du also beispielsweise dienstags trainierst, dann solltest Du die nächste Trainingseinheit auf Freitag legen.

Vierter Punkt: Trainingsintensität Bei der Ermittlung der Trainingsintensität gilt es, die Kraftformel zu beachten. So muss sowohl Muskelmasse aufgebaut als auch die Beschleunigung erhöht werden. Dazu sind zum einen die Muskelhypertrophie und zum anderen die Verbesserung der Schnellkraft notwendig.

Muskelwachstum wird optimal über eine Trainingsintensität von 75 bis 90 % des Ein-Wiederholungs-Maximums und die Verbesserung der Schnellkraft über eine Trainingsintensität von 20 bis 60 % des Ein-Wiederholungs-Maximums angesteuert (Weineck). Verbinden wir die Intensität des Muskelhypertrophie-Trainings mit der Intensität des Schnellkrafttrainings, so ergibt sich daraus eine Belastungsintensität von 50 % des Ein-Wiederholungs-Maximums, um beide Leistungsgrößen, mit dem Fokus auf der Schnellkraft, gleichzeitig zu verbessern. Ein untrainierter Mensch erreicht diesen Wert bereits gänzlich mit dem eigenen Körpergewicht.

Die konkrete Vorgehensweise für die Schlagtechniken lautet wie folgt: Du beginnst mit einfachen Liegestützen, bis Du 30 Liegestütze unter 30 Sekunden problemlos absolvieren kannst. Ab diesem Zeitpunkt erhöhst Du das Gewicht um 5 kg und trainierst weiter, bis Du wieder die 30 Liegestütze unter 30 Sekunden zu absolvieren vermagst. Danach kommen wieder 5 kg dazu, und dann immer wieder und zwar so lange, bis Du schließlich bei 40 kg angekommen bist.

Die konkrete Vorgehensweise für die Tritttechniken lautet wie folgt: Du beginnst mit einfachen Kniebeugen, bis Du 40 Kniebeugen problemlos unter 40 Sekunden durchführen kannst. Ab diesem Zeitpunkt erhöhst Du das Gewicht um 5 kg und trainierst weiter, bis Du wieder die 40 Kniebeugen unter 40 Sekunden durchzuführen vermagst. Danach kommen wieder 5 kg dazu, und dann immer wieder und zwar so lange, bis Du am Ende bei 40 kg angekommen bist.

Weitere Überlegungen zum Muskelwachstum, zur Intensität und zu den Konsequenzen: Willst Du ein Muskelwachstum bewirken, so musst Du neben der Intensitätserhöhung auch die Ernährung beachten. Für den Aufbau von Muskelmasse im Zuge des Schnellkrafttrainings muss eine ausreichende Nährstoffzufuhr gewährleistet sein, insbesondere von Proteinen: Muskeln bestehen daraus und können ohne sie nicht wachsen (Weineck). Ferner hebt Weineck die Wichtigkeit von Mineralstoffen und Vitaminen hervor, da der Bedarf dieser Nährstoffe bei einem Trainierenden erstens höher ist und sie zweitens bei verschiedenen Prozessen im Körper eine wichtige Rolle spielen und ein Mangel die Leistungszunahme langfristig negativ beeinträchtigt.

Auch ist es prinzipiell möglich, die Intensität weiter zu erhöhen (von 40 kg auf 45, 50, 55 kg usw.). Sowohl die Schnell- als auch die Maximalkraft werden dann noch weiter ausgebaut. Die Schlag- und Tritttechniken werden im Zuge dessen noch effektiver und als Konsequenz wird daraus ein noch fähigerer Zweikämpfer entstehen, der sich und seine Mitmenschen noch besser vor Gefahren schützen kann. Erhöhen wir die Trainingsintensität weiter, so folgt ja daraus, dass die Angriffstechniken dementsprechend noch effektiver sein werden.

Daran anschließend muss die Frage beantwortet werden, was ein Kampfkünstler in einer Zweikampfsituation eigentlich erreichen soll? Ausgangspunkt der Überlegung ist hier das Motiv des Angreifers. Machen wir uns bewusst, dass kein Angriffsmotiv eine Vorgehensweise rechtfertigt, die beim Verteidiger die mindeste Orientierung an der Menschlichkeit missen lässt. Wenn wir uns folglich dazu entscheiden, die Intensität weiter zu erhöhen, so müssen wir umso mehr Zurückhaltung im Zweikampf wahren. Für den Kampfkünstler bedeutet das in einer Zweikampfsituation, dass er den Aggressor lediglich in die Schranken zu weisen hat – was zwar mit dem Auslösen von Schmerzempfinden einhergeht, aber stets auf der Grundlage der Zurückhaltung.

Der Kampfkünstler hat gegenüber den Mitmenschen eine Verantwortung, insbesondere aufgrund seiner Befähigung zum Führen von Zweikämpfen muss deshalb sein Verantwortungsbewusstsein sehr ausgeprägt sein. William Shakespeare schreibt: »Ich wage alles, was dem Menschen ziemt; wer mehr wagt, der ist keiner.« Einem Mitmenschen in einer Gefahrensituationen beizustehen, ehrt den Handelnden. Eine in dieser Situation unverhältnismäßige Vorgehensweise aber ist nichts, was den Handelnden mit Stolz erfüllen sollte.

Natürlich gibt es auch Menschen, die in der Tat bösartig, manipulativ, zerstörerisch und nur darauf aus sind, anderen Menschen Leid zuzufügen. Ein Kampfkünstler könnte sich die Frage erlauben, ob in so einem Fall Verantwortungsbewusstsein und Menschlichkeit außer Acht gelassen werden können. Doch zeigt das gleichzeitige Gegensteuern der Verpflichtung, menschlich zu handeln, dass diese nicht nur richtige Entscheidungen hervorbringt, sondern auch vor falschen Entscheidungen schützt. – Erfreulicherweise gibt es nicht viele dieser gänzlich unmoralischen Menschen und so treffen wir nur mit solch geringer Wahrscheinlichkeit auf einen, dass diese Fälle zu vernachlässigen sind. Was bleibt, sind Menschen, die wir auch als Angreifer menschlich behandeln müssen.

Die Intensität des Trainings sollte aber nicht zu sehr erhöht werden, da sich das eigene Gewicht sonst negativ auf die eigenen Bewegungen auswirken kann. Insgesamt geht es um ein, wie Weineck es nennt, »optimales Last-Kraft-Verhältnis«; er spricht hier von der Optimierung des Verhältnisses von Kraft und Körpergewicht. Und diese Optimierung kann nur im Zuge der Selbstreflexion vorgenommen werden: Es geht hinsichtlich einer Kampfkunst hauptsächlich um die Beurteilung der Wirksamkeit der eigenen Schläge und Tritte. Bemerken wir hier eine Abnahme oder Stagnation, so gilt es die Trainingsintensität anzupassen, um ein weiteres Muskelwachstum zu vermeiden. Gegebenenfalls muss die Intensität sogar verringert werden, um das optimale Last-Kraft-Verhältnis zu erreichen.

Fünfter Punkt: Bewegungsausführung Bei der Bewegungsausführung ist darauf zu achten, dass erst einmal die 30/40 Wiederholungen langsam und sicher ausgeführt werden können. Danach folgt das Training bei explosiver Bewegungsausführung, bis das Gewicht abermals erhöht, die Schnelligkeit der Bewegungsausführung dann zunächst runterreguliert und bei soliden 30 Wiederholungen wieder maximiert wird. Bei dem Schnellkrafttraining ist eine explosive Bewegungsausführung bei folglich maximal möglicher Bewegungsgeschwindigkeit entscheidend (Weineck). Selbstverständlich lassen sich diese auch bereits bei beispielsweise 15 soliden Wiederholungen explosiv ausführen. Es ist aber darauf zu achten, nicht sofort mit einer schnellen Bewegungsausführung zu beginnen, weil sonst die Verletzungsgefahr zu groß ist. Dem Körper muss immer erst die Zeit gegeben werden, sich anpassen zu können.

Sechster Punkt: Wiederholungsanzahl Die Wiederholungsanzahl habe ich auf 30 Wiederholungen gelegt, weil auf diese Weise zusätzlich zur Schnellkraft (aufgrund der explosiven Bewegungsausführung) und Maximalkraft (aufgrund der Ermüdung des Muskels) auch die Kraftausdauer trainiert wird. Diese wird benötigt, wenn es um die oftmals erforderliche Aufrechterhaltung von Krafteinwirkungen geht (Weineck).

Siebter Punkt: Satzanzahl Es müssen mindestens zwei Sätze durchgeführt werden. Optimal ist die Durchführung von drei Sätzen. Mehr sind nicht zu empfehlen – ich habe in meinem Training festgestellt, dass aufgrund der Ermüdung des Muskels die Verletzungsgefahr bei weiteren Sätzen zu hoch ist. Die Verletzungsgefahr darf nie unterschätzt werden. Weineck spricht beim Schnellkrafttraining von sechs möglichen Sätzen. Das liegt daran, dass bei einem reinen Schnellkrafttraining auch nur drei bis acht Wiederholungen vorgesehen und somit sechs Sätze auch zu bewältigen sind. Diese Wiederholungsanzahl ist aber zu gering, wenn auch die Kraftausdauer gesteigert werden soll.

Achter Punkt: Pausenlänge   Zwischen den Sätzen sollten Pausenlängen von mindestens drei Minuten eingehalten werden, um den Muskeln Zeit zu geben, sich für die nächste Belastung zu regenerieren (Weineck).

2. Techniktraining:

Beim Techniktraining ist darauf zu achten, die Techniken richtig zu erlernen und regelmäßig zu üben, bis die Bewegungsausführung perfektioniert wurde. Gleichzeitig ist es wichtig, die Bewegungsausführung in regelmäßigen Abständen zu überprüfen, um sicherzustellen, dass sich in ihr keine Fehler entwickelt haben. Eine differenzierte Betrachtung des Techniktrainings ist nicht erforderlich.

3. Training der Kampfstrategie:

Das Training der Kampfstrategie erfolgt in drei Schritten. Zunächst müssen wir die Kampfstrategien verinnerlichen. Danach gilt es zu lernen, sie in Übungskämpfen umzusetzen. In einem dritten Schritt muss die Umsetzung analysiert werden. Das erlaubt uns, Fehler zu erkennen, um sie zukünftig zu vermeiden und unsere Vorgehensweise in Zweikämpfen zu verbessern. Dabei sind hier insbesondere die Übungskämpfe hervorzuheben. Denn gemäß unserer Definition der Kampfstrategie als die Fähigkeit der sinnvollen Vorgehensweise in Zweikämpfen kann es natürlich nicht ausreichen, lediglich die Theorie zu kennen. Sie muss in Form von möglichst realistischen Übungskämpfen in der Praxis angewendet werden, damit ihre Umsetzung in Fleisch und Blut übergeht. Für den Zweikampf bedeutet das, dass wir uns keine Gedanken mehr machen müssten, wie wir vorgehen sollten – weil die ideale Vorgehensweise ganz verinnerlicht wurde. Schließlich gibt es in einem Zweikampf für ausgreifende Gedankengänge kaum viel Zeit, wir müssen schnell auf die Gefahr reagieren; die Kontemplation etwa über die Schwächen des Gegners kann nur parallel zur Reaktion stattfinden.

2.3.3 Charakterliches Training

Das Training der geistigen und körperlichen Fähigkeiten ist anspruchsvoll, genauso wie das Erreichen ambitionierter Ziele. Folglich müssen die Voraussetzungen erfüllt werden, um die Fähigkeiten verbessern und diese Ziele erreichen zu können. Und diese Voraussetzungen werden mithilfe des charakterlichen Trainings geschaffen.

1. Training der Disziplin und Geduld:

Das Training der Disziplin und Geduld ähnelt dem Training der Nervenstärke. Anhand der Resultate unserer eigenen Handlungen können wir nachvollziehen, dass wir mithilfe von Menschlichkeit und Stärke in der Tat Dinge in der Welt bewegen können. Wir kommen voran im Leben und sind ferner in der Lage, anderen zu helfen und sie ebenfalls beim Vorankommen zu unterstützen. Daraus erkennen wir die Wichtigkeit des Trainings. Und die Einsicht in diese Wichtigkeit wird dazu führen, dass wir kontinuierlich und geduldig an uns arbeiten werden.

Genau wie bei der Nervenstärke gelangen wir hier im Zuge der Selbstreflexion und Schlussfolgerung an das Ziel, ein disziplinierter und geduldiger Mensch zu sein, weil wir die Erfahrung der Wirksamkeit gemacht haben und sich daran anschließend auch die zukünftigen Erfolge visualisieren lassen. Anders aber als bei der geistigen und körperlichen Stärke ist die Verbesserung der charakterlichen Stärke mehr eine Entscheidungsfrage als eine Trainingsfrage und das Erkennen der positiven Folgen eigener Handlungen hilft uns dabei, diese Entscheidung zu fällen. Denn es ist durchaus möglich, augenblicklich die Entscheidung zu treffen, von genau diesem Moment an immer diszipliniert und geduldig vorzugehen und uns daran auch zu halten – völlig unabhängig von der Tatsache, dass unsere bisherige Lebensführung vielleicht keinerlei Disziplin hat erkennen lassen. Im Gegensatz dazu ist es unmöglich zu sagen und uns schlicht dazu zu entscheiden, wir seien ab jetzt körperlich und geistig enorm leistungsfähig. Das setzt fürwahr viel Training voraus.

Die im Zuge des Trainings in uns heranwachsende Stärke lässt uns in der Tat wirkmächtig sein. Und diese Wirkmächtigkeit erstreckt sich über alle Bereiche des Lebens. Dass wir dadurch ermächtigt werden, vieles zu erreichen und erfolgreich zu sein, steht außer Frage. Doch fragen sollten wir uns an dieser Stelle, was es eigentlich bedeutet, erfolgreich zu sein? Spontane Antworten beinhalten Aspekte wie ein hohes Gehalt, ein schönes Haus, ein schnelles Auto, Ruhm, Ansehen und möglichst viel Geld auf dem Konto. Ich denke, dass es eine bessere Antwort auf diese Frage gibt – und dabei schließe ich mich der Ansicht von Martin Luther King an, der in kritischer Absicht gesagt hat: »Wir neigen dazu, Erfolg eher nach der Höhe unserer Gehälter oder nach der Größe unserer Autos zu bestimmen als nach dem Grad unserer Hilfsbereitschaft und dem Maß unserer Menschlichkeit.« King zufolge ist ein erfolgreicher Mensch demgegenüber jemand, der sich bei seinen Entscheidungen und Handlungen nach der Menschlichkeit richtet. Die Menschlichkeit muss demnach die Akkumulation alles Guten sein, welches dem Menschen auch erst erlaubt, sich als Mensch zu sehen. Darauf folgt, dass das Handeln aus Menschlichkeit zweifelsohne eine als äußerst zustimmungswürdig zu beschreibende Maxime ist und somit als Handlungsgrundlage ihresgleichen sucht.

Immanuel Kant sagt: »Zwei Dinge erfüllen das Gemüt mit immer neuer und zunehmender Bewunderung und Ehrfurcht, je öfter und anhaltender sich das Nachdenken damit beschäftigt: Der bestirnte Himmel über mir, und das moralische Gesetz in mir.« »Der bestirnte Himmel über mir« als Metapher für die Schönheit des Lebens und »das moralische Gesetz in mir« als Voraussetzung eines lebenswerten und schönen Lebens. Folgen wir Immanuel Kants Pflichtethik und der daraus entstammenden Verpflichtung zur Menschlichkeit, dann werden wir dem bestirnten Himmel sicherlich näherkommen.

Immanuel Kants pflichethische Überzeugung teilt auch der Philosoph Lao Tzu (auch Loatse oder Laozi genannt): »Wenn Gott verloren geht, kommt die Tugend. Wenn die Tugend verloren geht, kommt die Wohltätigkeit. Wenn die Wohltätigkeit verloren geht, kommt die Gerechtigkeit. Wenn die Gerechtigkeit verloren geht, kommen die Moralregeln.« Wie Kant vertritt auch Lao Tzu die Ansicht, dass wir uns auf Maximen verlassen können, weil sie uns stets dabei helfen, richtig zu handeln. Und das Handeln hilft uns wiederum dabei, uns von der Zustimmungswürdigkeit einer Pflicht zu überzeugen. Die Bewunderung einer Maxime, begleitet von Ehrfurcht ihr gegenüber, entstammt zweier Quellen: Dem Erkennen der Zustimmungswürdigkeit einer Maxime, zum einen basierend auf der Rationalität und zum anderen basierend auf empirischen Beobachtungen. Beides trägt nicht nur dazu bei, eine Maxime zu verinnerlichen, sondern auch, von ihr überzeugt zu sein.

Hervorzuheben ist hier ferner die Notwendigkeit der Bereitschaft zum Handeln. Aristoteles sagt: »Hohe Moralbegriffe sind Gewohnheitssache. Wir werden gerecht durch gerechtes Handeln, maßvoll durch maßvolles Tun, tapfer durch tapferes Verhalten.« Empirische Beobachtungen setzen logischerweise die Bereitschaft des Menschen zum Handeln voraus. Es gilt, sich darin zu üben, menschlich zu sein. Laut Aristoteles sind wir nicht inhärent gute Menschen, sondern müssen es erst werden. Laut Kant verhält es sich sogar folgendermaßen: »Der Mensch ist von Natur böse. Er tut das Gute nicht aus Neigung, sondern aus Sympathie und Ehre.« Der Mensch ist laut Kant also von Natur aus nicht gut und menschlich, sondern böse und somit unmenschlich. Die Empirie zu Rate ziehend, sind wir geneigt, Kant zuzustimmen. Denken wir rational über die Geschehnisse in der Welt nach, so verfestigt sich die Richtigkeit seiner Äußerung. Wenn wir nämlich wissen, dass moralisch gutes Handeln Besserung herbeiführt, so folgt daraus, dass böses Vorgehen Verschlechterung herbeiführen muss. Wieso sollten wir unser Leben freiwillig und bewusst schwerer und gefährlicher machen wollen? Vernünftig ist das nicht, und doch finden Feindseligkeiten und Gräueltaten im großen Stil statt. Außerdem: Wenn der Mensch von Natur aus gut wäre, dann gäbe es wahrscheinlich keine derart verhängnisvollen und unmenschlichen Gräueltaten.

Lao Tzu sagt diesbezüglich: »Das Böse lebt nicht in der Welt der Menschen. Es lebt allein im Menschen.« Wenn wir also wissen, dass die Boshaftigkeit existiert, so wissen wir dadurch gleichzeitig auch, dass das ein Problem ist, welches es zu lösen gilt. Wenn der Mensch also von Natur aus boshaft ist, so wird die Dringlichkeit von zustimmungswürdigen Maximen noch weiter betont. Problematisch wird es immer dann, wenn zusätzlich zur boshaften Natur der Wille und die Bereitschaft zur Boshaftigkeit dazukommen. Möchte man einem solchen Menschen einen anderen Weg zeigen, so kommen wir nur mit der Einheit von Menschlichkeit und Stärke weiter. Und dem Menschen einen guten Weg zu zeigen, dass sollten wir stets anstreben: »Verantwortlich ist man nicht nur, für das, was man tut, sondern auch für das, was man nicht tut.«

Lao Tzu unterstreicht mit seinem Zitat die Wichtigkeit des Handelns. Und insbesondere ein hoch trainierter Mensch hat die Fähigkeit, in vielen Situationen aktiv zu werden und somit zur Lösung oder Besserung beizutragen und sollte deswegen auch handeln. Dabei hebt Lao Tzu die innere Ruhe hervor: »Nur wer selber ruhig bleibt, kann zur Ruhestätte all dessen werden, was Ruhe sucht.« Die Unruhe in der Welt ist evidentermaßen vorhanden und ein Zustand der Ruhe und Ausgeglichenheit und Stärke ist nicht nur weit entfernt, sondern auch schwierig zu erreichen.

Es liegt aber zweifelsohne an uns, ob wir dahin gelangen. Und dorthin gelangen werden wir erst, wenn wir geistig, körperlich und charakterlich erstarken und aus Menschlichkeit handeln. Miyamoto Musashi schreibt: »Es ist schwer, das Universum zu verstehen, wenn man nur einen Planeten studiert.« Wenn wir der Menschlichkeit keine Beachtung schenken, so werden wir das Zwischenmenschliche nicht verstehen. Wenn wir der körperlichen Stärke keine Beachtung schenken, so haben wir die Wichtigkeit der Aufrechterhaltung der eigenen körperlichen Unversehrtheit und die der Mitmenschen nicht verinnerlicht. Wenn wir der geistigen Stärke keine Beachtung schenken, dann bleibt uns im Grunde jedes Wissen verborgen und wir werden somit vieles nicht verstehen können. Und wenn wir der charakterlichen Stärke keine Beachtung schenken, wie sollen wir dann überhaupt fähiger werden? Zusammenfassend folgt daraus, dass wir alle Fähigkeiten gleichermaßen trainieren müssen. Der Weg der Menschlichkeit und Stärke fordert uns viel ab, macht uns dafür aber umso wirkmächtiger und menschlicher. Begleite mich also auf diesem Weg.

3.

Schluss:
Die Bedeutung des Weges
der Menschlichkeit und Stärke

Zum Abschluss möchte ich die zwei Kernüberlegungen des Weges der Menschlichkeit und Stärke zusammenfassend unterstreichen. Die erste Überlegung fußt auf der Notwendigkeit des Trainings. Das Training macht einen Menschen fähiger, sodass eine Ermächtigung stattfindet. Aus dem Training folgt daher Stärke. Und nur Stärke befähigt einen Menschen dazu, etwas zu erreichen und Besserungen herbeizuführen. Aus der Stärke folgt demnach Wirkmächtigkeit.

Hervorzuheben ist hier das besondere Verhältnis von Stärke und Wirkmächtigkeit: Stärke, wie sie in dieser Kampfkunst ausdifferenziert ist, verleiht der Wirkmächtigkeit Universalität. Wenn wir sowohl den Körper als auch den Geist und Charakter geschult haben, dann werden wir in jeder Situation wirkmächtig sein und somit unsere Ziele erreichen und Vorhaben umsetzen können. Somit ist das Training aller Fähigkeiten wahrlich von immenser Bedeutung.

Die Wichtigkeit des Trainings und der daraus resultierenden Stärke lässt sich mit dem folgenden Zitat von Immanuel Kant untermauern: »Der ziellose Mensch erleidet sein Schicksal, der zielbewusste gestaltet es.« Unser Ziel ist es, zu erstarken und die Fähigkeiten für das Gute einzusetzen, um schließlich Besserung herbeiführen zu können. Das Training hat in letzter Konsequenz die Aufgabe, aus dem Kämpfen eine Kunst zu machen. Und eine Kunst ist es erst dann, wenn wir mit unseren Handlungen langfristig Besserungen herbeiführen.

Der zweite Kernaspekt ist die Einheit von Menschlichkeit und Stärke. Wir müssen uns die Frage stellen, wofür wir unsere Stärke nutzen. Die Antwort ist die Menschlichkeit – und diese Antwort möchte ich mithilfe eines Beispiels nochmals erläutern: Wenn wir einem hungernden Menschen etwas zu essen geben, dann haben wir ihm zwar kurzfristig geholfen, doch langfristig mit dieser Handlung überhaupt nichts bewirkt. Um die Welt zu einem besseren Ort zu machen, ist – neben der Stärke – der respektvolle Umgang mit den Mitmenschen und Hilfsbereitschaft vorausgesetzt. Wenn wir diesem Menschen folglich beibringen würden, wie er sich und seine Angehörigen selbst versorgen kann – indem wir das nötige diesbezügliche Wissen vermitteln und die notwendigen Werkzeuge bereitstellen –, dann ist das eine Handlungsfolge, mit der wir einen tatsächlichen Unterschied ausmachten. Diese Folge wäre wirkmächtig und spiegelte Menschlichkeit wider.

Wenn wir uns folglich bemühen, fähiger zu werden, einander zu verstehen und zu helfen, respektvoll miteinander umzugehen, gemeinsam nach Lösungen zu suchen und die Wichtigkeit von Menschlichkeit und Stärke erkennen sowie daraus dann die Konsequenzen hinsichtlich unserer weiteren Lebensführung ziehen – dann ist die Erreichung des Ziels, die Welt zu einem besseren Ort zu machen, in greifbarer Nähe.

Wenn wir die Lehren dieses Buches verinnerlichen, dann können wir die daran anknüpfende, auf Menschlichkeit und Stärke beruhende Entfaltung einer besseren Gemeinschaft und Gesellschaft fortan tatsächlich als selbstverständlich erachten. Denn dann wird es selbstverständlich sein, an unseren eigenen Fähigkeiten zu arbeiten und nach der Menschlichkeit zu handeln, und deshalb kann im Zuge des Trainings die allgemeine Einsicht in die Bedeutung der Menschlichkeit wachsen und selbstverständlich werden: bis zu dem Punkt, an dem ausnahmslos alle Menschen den Glauben an die Stärke und die Menschlichkeit teilen.

In diesem Buch habe ich die Notwendigkeit des Trainings und der Menschlichkeit in den Fokus gestellt. Wenn wir bedenken, dass wir uns dieser Notwendigkeit erst wirklich bewusst werden, wenn wir sie erstens *a priori* erkannt und ihre Wichtigkeit zweitens *a posteriori* gefestigt haben, so lässt sich insbesondere daraus die Motivation gewinnen, uns dem Training und der Menschlichkeit zu widmen. Wir können also mithilfe rationaler Überlegungen die Wichtigkeit des Trainings und der Menschlichkeit erkennen und uns dieser Relevanz dann anhand der Wirkung der eigenen Handlungen, sprich erfahrungsbasiert, abermals bewusst werden.

Da wir anfangs noch keine Erfahrungswerte besitzen, hilft es uns zu Beginn, die Erfolge zu visualisieren. Wir müssen die Notwendigkeit des Trainings und der Menschlichkeit *erkennen*. Daraus gewinnen wir die Motivation und somit den Willen, uns dem Training zu widmen und aus Pflicht wie auch aus Überzeugung der Menschlichkeit nach zu handeln. Die Erkenntnis ist folglich immer der erste Schritt, entscheidend ist dann stets, daraus die richtigen Konsequenzen zu ziehen.

So gelange ich zum Ende dieses Buches zurück zu der Anfangsfrage, wie wir unser Leben vor dem Hintergrund der Allgemeinheit, Menschlichkeit und des Vorankommens führen sollten. Und meine Antwort darauf ist der Weg der Menschlichkeit und Stärke. Ich hoffe, dass Du diese Antwort als zustimmungswürdig erachten wirst.